―――― 추천사 ――――

오랜 시간 홍지연 선생님을 지켜보면서 때때로 어린아이 같은 천진함과 순수함을 발견하곤 했습니다. 그런 모습들이 《팜》의 주인공인 주니와 거니로 발현된 것이 아닐까 생각해 봅니다. 이 책을 읽은 대한민국의 모든 어린이가 주니와 거니처럼 어떤 어려움이 있더라도 기발한 아이디어와 씩씩함으로 이겨내길 기대합니다.

_ 서울교육대학교 교수, **문성환**

아이들의 상상력은 무한합니다. 그리고 이런 상상력이 미래를 바꿀 수 있는 원동력이 됩니다. 그런 의미에서 코딩 과학 동화 《팜》은 아이들의 무한한 상상력을 자극하고, 미래 사회에 꼭 갖춰야 할 코딩 역량도 기를 수 있게 도와줍니다. 자녀의 미래 교육을 고민하는 학부모님들께 적극 추천합니다.

_ 초등컴퓨팅교사협회장, **강성현**

책을 한 장 한 장 읽을수록 주니와 거니의 엉뚱함과 기발함에 감탄했습니다. 학생들에게 코딩과 인공지능을 어떻게 가르칠지 걱정이 많았는데 《팜》 시리즈면 걱정이 없을 것 같아요. 무엇보다 어려운 개념을 쉽게 이해할 수 있어서 정말 좋습니다. SW 교육과 AI 교육을 고민하는 전국의 선생님들 그리고 자녀 교육에 고민이 많은 학부모님들께 이 책을 추천합니다.

_ 대남초등학교 교사, **전가현**

 ❹ 바다 농장

초판 발행 • 2021년 12월 20일
초판 4쇄 발행 • 2022년 12월 26일

글 • 홍지연
그림 • 지문
발행인 • 이종원
발행처 • (주)도서출판 길벗
출판사 등록일 • 1990년 12월 24일
주소 • 서울시 마포구 월드컵로 10길 56(서교동)
대표 전화 • 02)332-0931 | **팩스** • 02)323-0586
홈페이지 • www.gilbut.co.kr | **이메일** • gilbut@gilbut.co.kr

기획 및 책임편집 • 김윤지(yunjikim@gilbut.co.kr) | **디자인** • 여동일 | **제작** • 이준호, 손일순, 이진혁
영업마케팅 • 진창섭, 강요한 | **웹마케팅** • 송예슬 | **영업관리** • 김명자 | **독자지원** • 윤정아, 최희창

교정교열 • 김혜영 | **출력·인쇄** 예림인쇄 | **제본** • 예림바인딩

▶ 잘못된 책은 구입한 서점에서 바꿔 드립니다.
▶ 이 책은 저작권법에 따라 보호받는 저작물이므로 무단전재와 무단복제를 금합니다. 이 책의 전부 또는 일부를 이용하려면 반드시 사전에 저작권자와 ㈜도서출판 길벗의 서면 동의를 받아야 합니다.

ISBN 979-11-6521-790-7 74500   (길벗 도서번호 080262)
ISBN 979-11-6050-943-4 74500(세트)

ⓒ 홍지연, 지문, 2021

정가 12,000원

독자의 1초를 아껴주는 정성 길벗출판사
길벗 IT단행본, IT교육서, 교양&실용서, 경제경영서
길벗스쿨 어린이학습, 어린이어학

파

❹ 바다 농장

글 홍지연 / 그림 지문

차례

1장 주니 & 거니의 바다 농장 — 007

2장 인간 화석이라니! — 025

3장 바다 도시를 살려라! — 041

4장 어디든 슝슝! — 061

5장 상상 그 이상 — 075

6장 화석이 살아있다! — 103

7장 두 눈이 되어 — 123

8장 무슨 일이 있었던 거야? — 137

9장 해적? 해커? — 149

10장 바다를 부탁해! — 167

11장 그래서 사냥꾼이 누구라고? — 185

지금까지 우리와 함께한 친구들은 다 알겠지? 주니와 내가
처음 살았던 곳이 어디라고? 그래, 맞아. 바로 지하 농장. 그다음은?

큰 소리로 다 같이 소리 질러! Ho, You Say,
하늘 농장, Yeh!

다음으로 간 곳은? 맞아, 바로 우.주.농.장!

지금은 어디냐고? 다 알면서 뭘 묻고 그래.
그래, 맞아. 바다 농장이야. 맙소사, 바다 농장이라니!
이게 말이 되느냐고? 물고기도 아닌데 어떻게
바다 농장에서 숨을 쉬느냐고? 안 되는 게 어딨어?
거니와 주니의 《팜》 세상에서 말이야.

여기는 바다 농장의 눈알….
아니, 아니, 광장이야.
멀리서 보면 꼭 물고기 눈알처럼 보이지.
바다에 웬 광장이냐고?

우리는 여기에 도착하자마자
고대 바다 도시를 모두 농장으로 바꿔 버렸어.

여기는 고대 바다 도시의 입구라고 할 수 있는
눈알 광장이야. 그리스 로마 신화에 나오는
고대 도시에 보면 어디든 이런 광장이 하나쯤 있어.
몰랐다고? 괜찮아. 하나씩 알아가는 맛으로 책을 읽는 거지 뭐.

제목: 주니는 언제나 새로운 것에 목마르다

여기는 드론 보관소.
고대 바다 도시, 아니 바다 농장은 꽤 넓어서 관리가 쉽지 않아.
하지만 이 드론만 있다면 언제 어디에서
무슨 일이 있어나는지 그때그때 바로 알 수 있어.

거니의 동물 사육장에서는 바다에서 보지 못하는
지하 농장, 하늘 농장, 우주 농장 속 동물들과 한곳에서
생활할 수 있어. 그래서 지금 핫 플레이스라고, 핫 플레이스!
여기에 들어오려면 우리의 낚시 카페를
통과해야만 해.

여기는 오직 바다 농장에만 있는 곳이야.
지나가는 바다 생물들에게
맞춤형 패션을 제안해 주지.

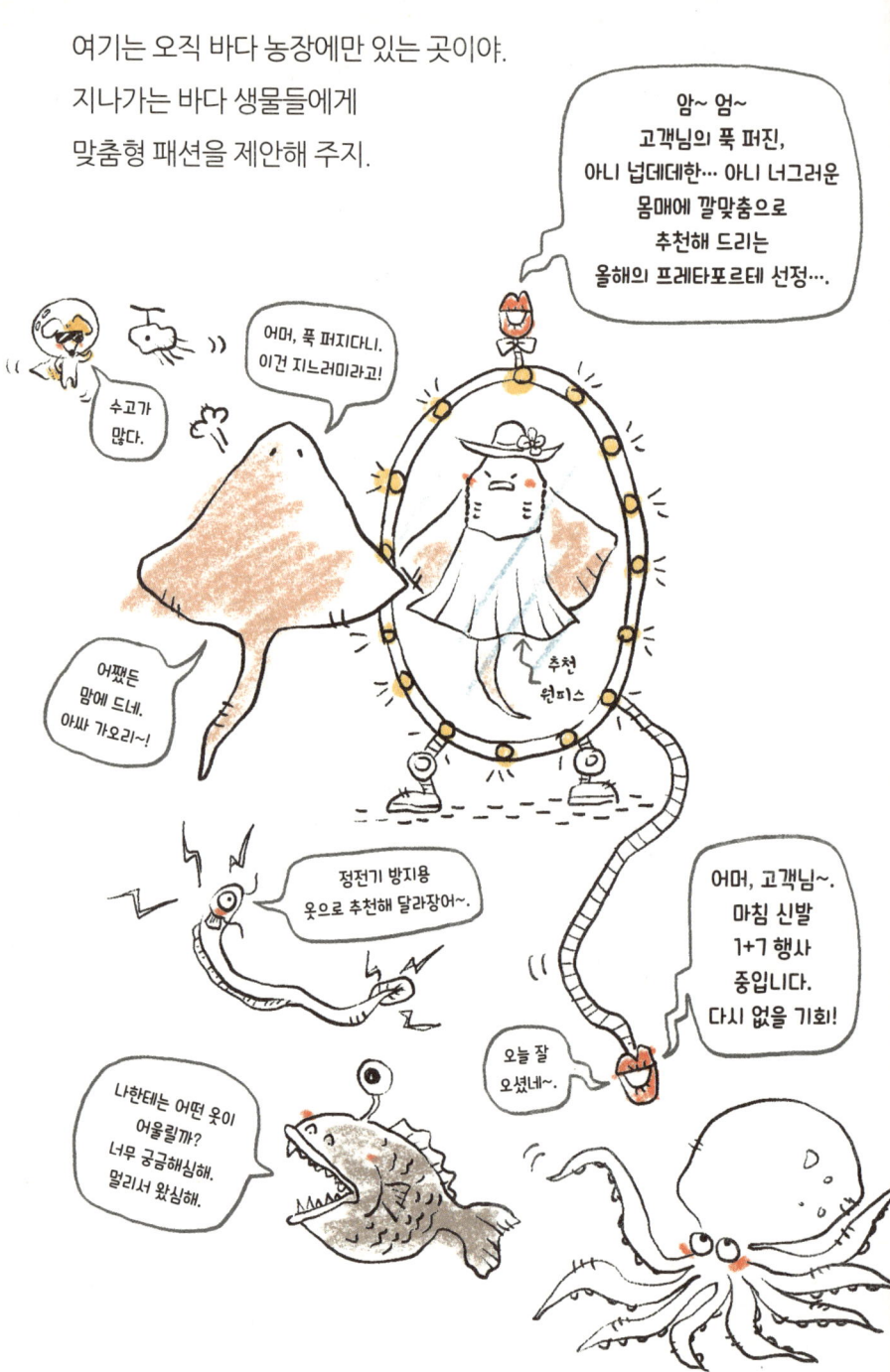

바다 농장은 지하 농장, 하늘 농장, 우주 농장과는 달라. 고대 바다 도시를 하나의 거대한 농장으로 만들었거든.

그리고 쉿! 이건 비밀인데 말이야.
여기엔 주니의 초초초특급 발명품이 숨어 있어.
그게 뭐냐면….
역시나 한꺼번에 다 설명하면 재미없겠지?
오늘은 여기까지만.

처음 왔을 때만 해도 이곳은
오래전에 버려진 고대 바다 도시였어.
언제 만들어졌는지, 누가 만들었는지 알 수 없었지.
지금처럼 되기까지… 흑흑, 눈물이 앞을 가려서
그만 말할래.

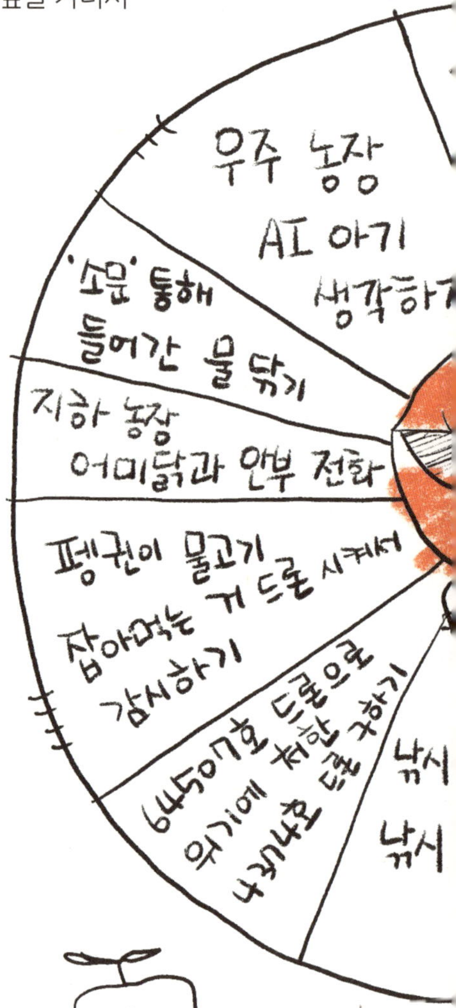

지하 농장, 하늘 농장,
우주 농장과도 연결되어 있는
바다 농장이라니!
이 말은 내가 돌봐야 할 농장이
무려 4개나 된다는 말이야.
1개도 아니고, 2개도 아니고…
무려 4개의 농장을 돌봐야 해.

2장
인간 화석이라니!

우주 농장에서 타고 온
유성 택시는 정말 끝도 없이 떨어졌어.
차라리 새떼 다리가 좋았던 것 같아.

적어도 이렇게
내 얼굴이 날아갈 것 같진 않았거든.

"주니야, 우리 이대로 죽는 거야?
 내가 그냥 우주 농장에 있자고 했지?"
"죽다니? 누가? 우리가? 왜?
 나 지금 완전 신나는데~.
 자이로드롭의 10,000배는 되는 이 스릴감!
 <u>오오오오!</u>"
그래, 역시 주니는 주니야.

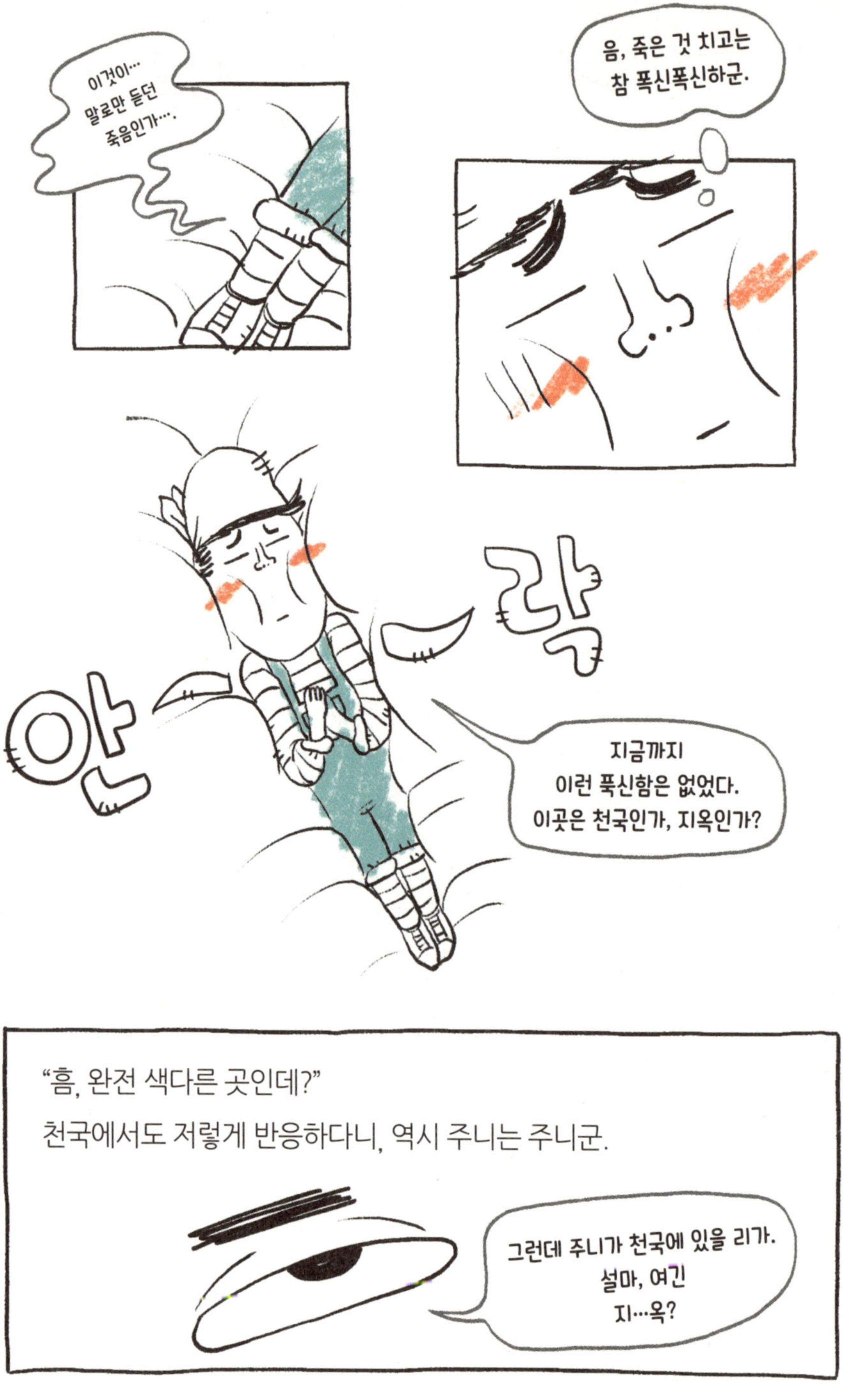

"거니야, 뭐 해? 빨리 이리로 와 봐! 여기 완전 신기해!"
주니의 말에 나는 슬쩍 눈을 떴지. 눈에 보이는 세상은…
천국은 천국인 것 같은데, 뭔가 아주 오래된 냄새가 났어.

"킁킁! 뭐지, 이 스멜은? 천국이 오래된 곳이어서 그런가?"
"천국이 아니라… 주니 님의 초천재적인 느낌으로 봤을 때 말야.
 우리는 지금 고대 바다 도시로 온 것 같아. 완전 멋져!"
"뭐? 고대 바다 도시? 바닷속이라고? 여기가?
 헉, 그럼 우리가 지금 숨을 어떻게 쉬고 있는 거야?
 그게 말이 돼? 바다 생물들은 다 어디 있고?"

그래, 그렇지 뭐.
농장을 가꾸는 건 역시 내 몫이야.
그런데 여기 고대 바다 도시에서 어떻게 농장을 가꿔?
인간 화석과 돌덩이 건물들밖에 없는 이곳에서
어떻게 농장을 가꾸라는 거냐고?
너희들이 답을 좀 알려 줄래?
정말, 리얼리, 내가 몰라서 그래.
천하의 거니도 여기서는 농장을 가꿀 수 없다고!

미션 1

미션 키워드 **화석 인류**

공룡 화석이 만들어지는 과정을 분석하라!

고대 바다 도시에는 인간 화석이 있었어요. 화석은 어떻게 만들어지는 걸까요? 공룡 화석이 만들어지는 과정을 살펴보면, 인간 화석이 어떻게 만들어지는지 짐작할 수 있어요. 아래 그림을 잘 살펴보고 **보기** 에서 빈칸에 알맞은 말을 골라 적어 보세요.

죽은 공룡이 호수나 강바닥에 가라앉아요.

공룡의 살은 썩어 없어지고 (   )만 남아요. 그 위로 진흙이 쌓여요.

수천 년이 흐르는 동안 진흙과 뼈는 서서히 (   )으로 바뀌어요. 그 위로 모래, 진흙, 돌 같은 것들이 쌓이면서 점점 단단해져요. 뼈가 화석이 되는 과정이에요.

아주 오랜 시간이 흐른 뒤 땅속의 암석이 땅 위로 솟아오르면 공룡의 (   )이 드러나요. 이렇게 해서 공룡의 화석을 발견하게 되는 거랍니다.

보기 암석, 화석, 뼈

화석이라니, 화석이라니! 주니야, 이 책은 '코딩 과학 동화' 아니야? 이제 화석까지 연구해야 돼?

'코딩'도 배우고 '과학'도 겸사겸사 배우면 되지 뭘. **화석 인류**란 화석으로 남아 있는 과거의 인류를 뜻해. 쉽게 말하면, 아주 오래전 과거에 죽은 인간의 몸이 화석으로 남은 거야. 인간의 몸은 썩기 쉬워서 현대에 남아 있는 것이 거의 없어. 그런데 석회암 같은 바위 사이에 퇴적되어 화석이 된 인간의 뼈는 썩지 않아서 오랜 세월이 지나도 잘 보존되는 경우가 있지. 화석이 된 인간의 뼈를 연구하면, 과거에 인간이 어떻게 살았는지 생활 모습과 당시의 자연 환경도 알 수도 있대. 엄청 흥미롭지?

두근 두근

공룡! 공룡이라고 ♥ 거대 생명체!

잠깐! 앞에 나온 문제의 정답은 '뼈', '암석', '화석'이야.

좀 무섭긴 하지만 고대 바다 도시 곳곳을 살펴봤지.
광장을 벗어나니 꼬불꼬불한 길 사이로 건물들이 많았어.
정말 사람들이 살던 바다 도시인가 봐.
아, 물론 그 사람들이 아직 곳곳에 남아 있긴 해.
화석이긴 하지만 말이야.

"오! 이건 주니를 꼭 닮은 화석이군. 히히, 고대 바다 도시에도
주니처럼 생긴 아이가 있었나 보네."
주니를 닮은 화석 가까이 다가갔을 때였어.

"응? 손에 뭔가를 꼭 쥐고 있는데?"
살짝 겁은 났지만,
인간 화석의 움켜쥔 손 사이로
내 손가락을 넣어 봤어.

"이게 무슨 씨앗이지?
 아직 살아있는 것 같은데?"
주니를 닮은 화석이
손에 꼭 쥐고 있던 것은
씨앗이었어.

조그만 게 무지하게 시끄럽네.

휴, 살았다.
나는 씨앗이라고 해.
숨이 막혔던 1942년
3개월 6일하고도
5시간.
조잘조잘….

말이 씨가 된 경우

조잘   쪼잘

나를 심어 봐.
뭐가 나올지 궁금하지?
나도 내가 뭐가 될지
참 궁금해.
우리 아빠는 큰 인물,
아니 큰 식물이 되라고
하셨지….

내 옆에 옆에
나무 동생이
어떤 동네 수호신 출신인데,
옛날에는 작았던 놈이
5m나 컸다지 뭐야. 대박!
나는 얼마나 클까?
너무너무 궁금하지 말이야.
조잘조잘….

더 망설일 필요가 있겠어?
내가 누구지?
바로 하늘에서도 농장을 가꾸고,
우주에서도 농장을 가꾸었던
거니야.

씨앗은 하루가 다르게 쑥쑥 자라났어.

"흠, 이 정도 속도면
금방 바다 농장을 만들 수 있겠는데!"

"뭘 어떻게 한다고?"
"으아아! 뭐야, 주니?"

"나야, 나. 오호.
 이 녀석, 나를 닮아 아주 미남이군. 흐흐."
그래, 주니였어.
주니를 닮은 화석이 살아난 게 아니라 진짜 주니였다고.

"이것만 있으면 이 바다 도시는 그린 스마트 시(sea) 농장으로 바뀐다고. 완전 멋지지?"
"그린 스마트 뭐? 시 농장? 그게 뭐야?"

"잘 봐! 여기 이 시작 버튼을 누르면…."

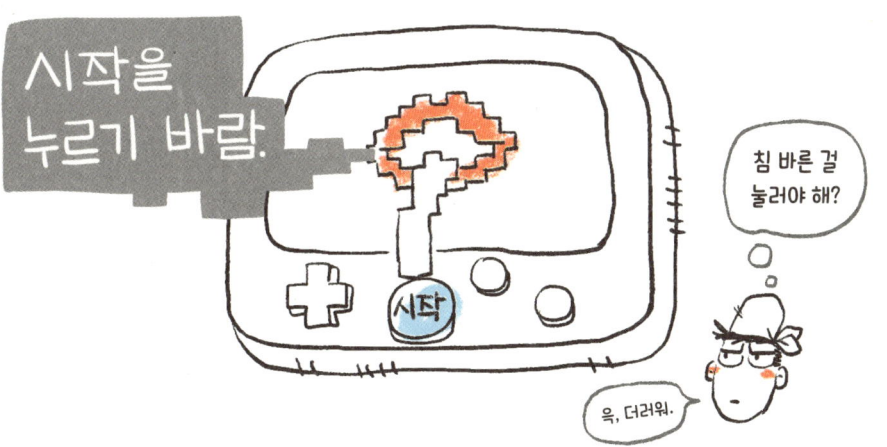

흠. 갑자기 눈앞에 하얀 건물, 아니 비닐 하우스? 오페라 하우스?
뭔지 헷갈리는 게 나타나 버렸어.
뭐지? 이 비주얼은? 그것도 한 채가 아니야.
여러 채가 동시에 솟아났다고!

응?

철썩

대박!

오옷! 내가 봐도 놀랍군!

받치워!

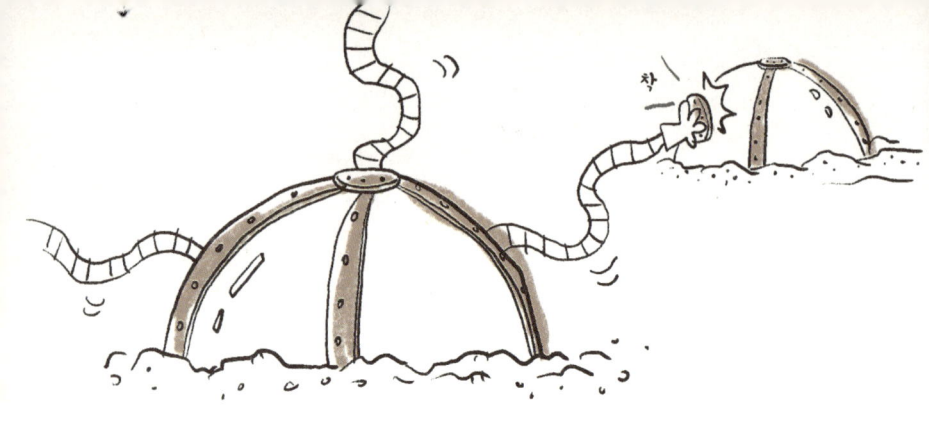

"모든 게 이 <오로 시스템> 덕분이지."

"<오로 시스템>? 그건 또 뭐야?"

"공부 좀 해, 거니. 오로 몰라? 오로? 자동이라고 자동."

"<오토 시스템>이겠지."

"촌스럽게 발음이 그게 뭐야. 따라해 봐. <오로 시스템>."

"됐고. 뭐가 오토라는 거야?"

주니는 신나서 설명하기 시작했어.

"이 'A(Auto)' 버튼을 누르면
모든 게 자동으로 관리된다고.
네가 아까 키운 그 씨앗 가지고 와 봐.
직접 눈으로 보여 주지. 흐흐흐."

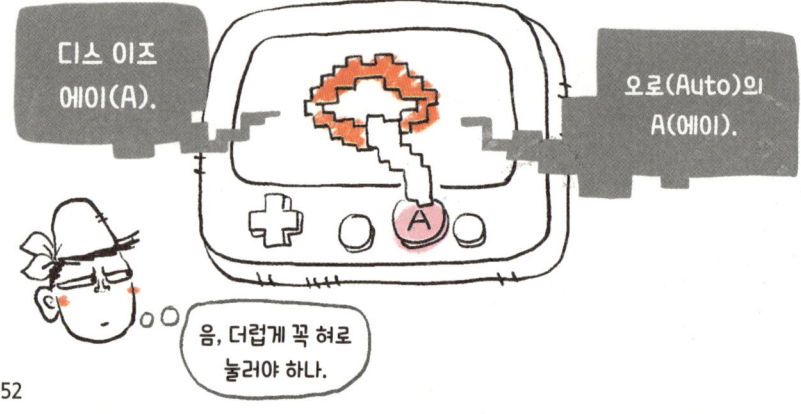

주니의 말에 걱정이 되긴 했지만
내 소중한 싹튼 씨앗을 건네줬지.
주니는 그것을 그 시 농장에 있는
작은 유리 상자 속에 넣더니
'C(Copy)' 버튼을 눌렀어.
오, 라임이 좀 괜찮은데!

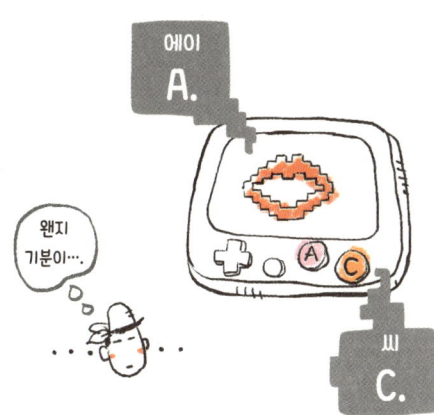

"아니, 그걸 그 속에 넣으면
답답해서 잘 자라지도 못할 텐데…."

그 순간이었어.

유리 상자 속 싹튼 씨앗이 10개가 되고, 100개가 되고,

1000개…가 되는 것이 아니겠어? 개미 군단이 일렬로

쭉 늘어나듯이 유리 상자 속에 든 싹튼 씨앗이

주르르 늘어나더니 스마트 시 농장에

차곡차곡 들어찼어.

주르르~

주르르~

"주니야, 이건 뭐야? <킹왕짱 알 부화기> 업그레이드 버전이야?"
"오, <킹왕짱 알 부화기>! 오랜만에 듣는군. 잘 있으려나.
 몇 번째 발명품이었더라?
 빨리 기억해 봐. 어서!"

"빨리 말해 봐. 이게 뭐냐고?"

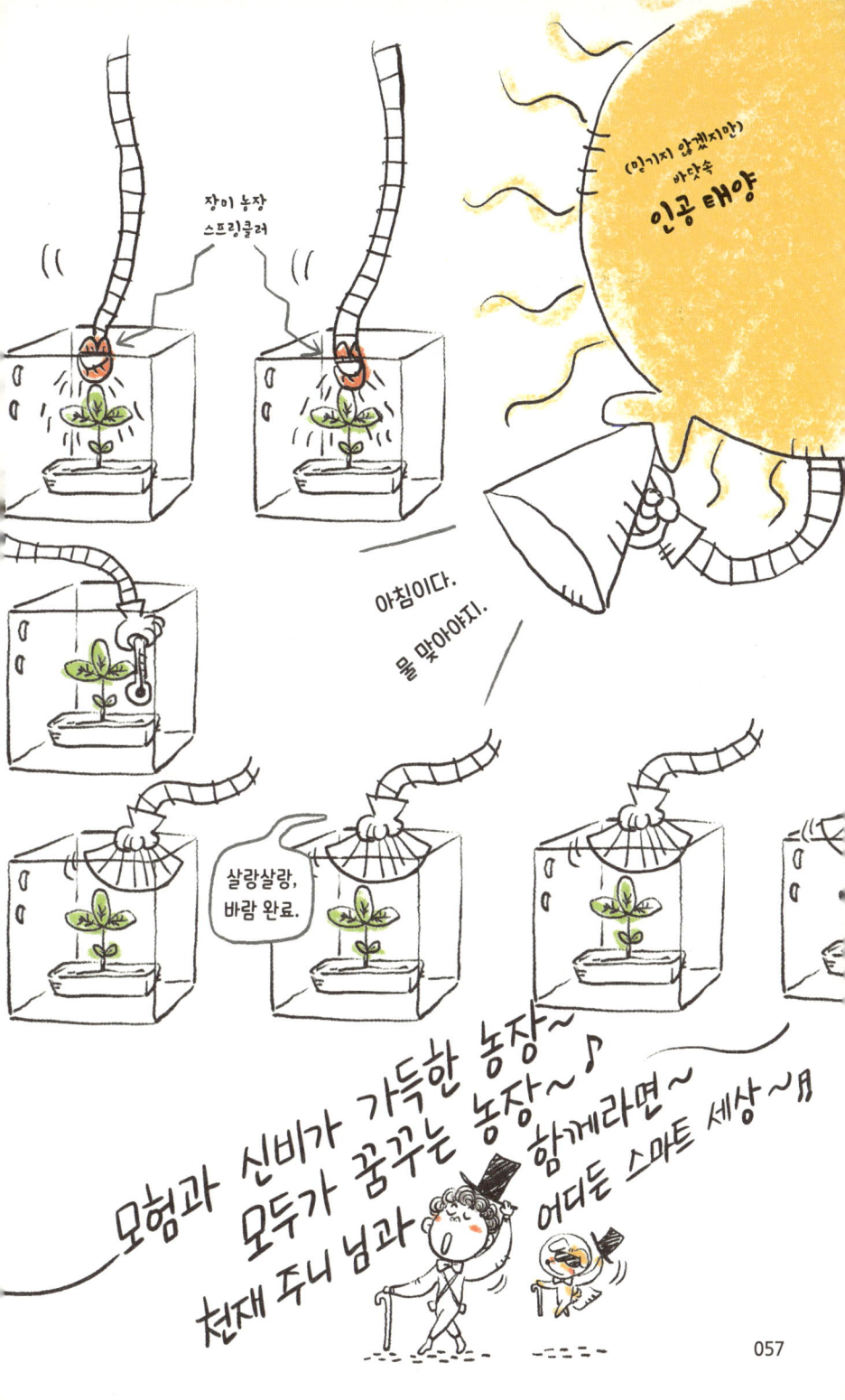

"거대 바다 도시에 생명을 불어 넣는 거지. 누가?
바로 이 우주 최강… 아니지, 바다 최강 초초초특급 천재 주니가!
어떻게? 바다 농장 첫 번째 발명품으로!
음하하하하!"

미션 2   미션 키워드 **스마트 팜**

스마트 팜을 만들어라!

주니가 만든 〈오로 시스템〉을 이용하면 바다 농장의 모든 것을 관리할 수 있어요. 3권 우주 농장에서 배웠던 개념을 잘 떠올려, 스마트 팜으로 거듭난 바다 농장 속 이곳저곳을 잘 연결해 보세요.

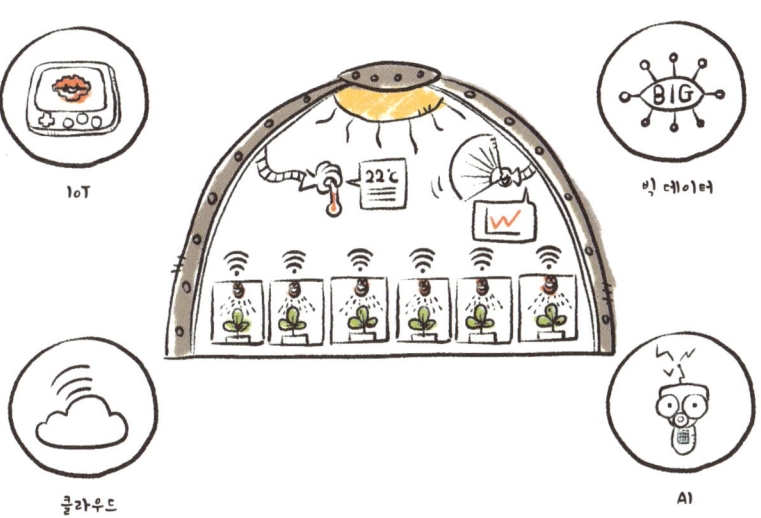

스마트 팜 속 사물 인터넷(IoT) ●	● 엄청나게 많은 각종 센서 데이터를 수집, 분석, 처리할 수 있어요.
스마트 팜 속 클라우드 ●	● 사물과 사물이 연결되어 서로 정보를 주고받을 수 있어요.
스마트 팜 속 인공 지능(AI) ●	● 데이터 속 특징을 스스로 파악하고, 학습해 판단할 수 있어요.
스마트 팜 속 빅 데이터 ●	● 수집한 데이터를 웹에 저장해 언제 어디서든 접근할 수 있어요.

농장에 정보 통신 기술(ICT)을 접목해 자동으로 생육 환경을 최적화하도록 제어할 수 있는 농장을 **스마트 팜**이라고 해. 사물 인터넷(IoT)과 인공 지능 기술을 접목해 농장의 온도와 습도, 햇볕의 양, 이산화탄소 등을 측정하고, 그 결과에 따라 제어 장치를 돌려 농장 환경을 적절하게 맞춰 주지. 멀리 떨어진 곳에서도 컴퓨터나 스마트폰으로 그때그때 관리할 수 있어서 사람이 직접 농장에 가지 않아도 창문을 열고 닫을 수 있고, 가축들에게 사료를 줄 수도 있어.

그뿐만이 아니야! 스마트 팜에서는 클라우드, 빅 데이터 기술을 활용해 데이터를 자동으로 수집하기 때문에 농장 환경 정보를 모니터링하고 분석할 수도 있어. 시간이나 공간의 제약 없이 효율적으로 농장을 운영할 수 있다는 점이 스마트 팜의 가장 큰 특징이야. 여기서 가장 중요한 것은 뭐다? 바로 내가 만든 <오로 시스템>에 이 모든 기술이 다 들어 있다는 거지! 으하하하.

4장
어디든 슝슝!

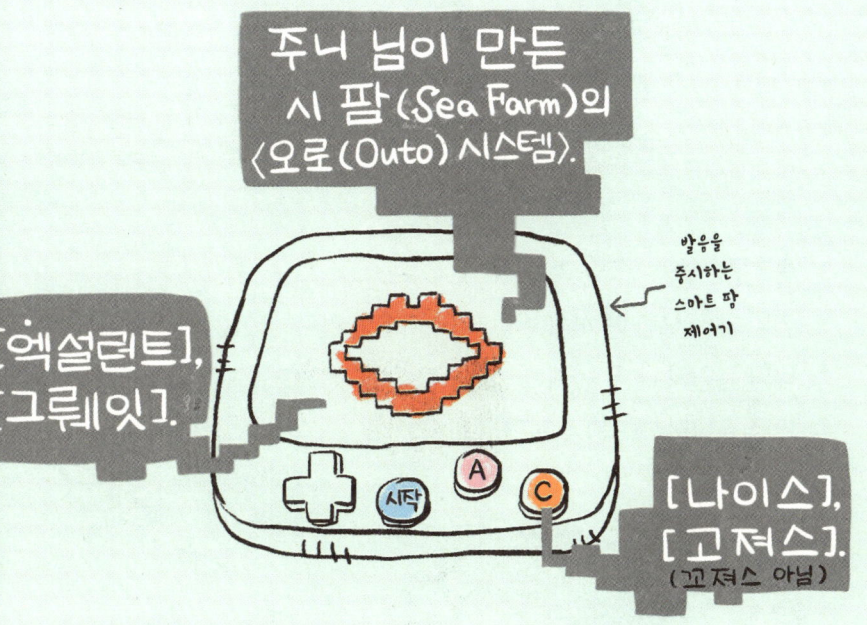

흠, 역시 주니는 말이 많아.
게임기같이 생긴 <오토 시스템>인지 <오로 시스템>인지를
계속 붙들고 그린 스마트 시 농장을
끝없이 자랑하는 모습이란.

"이번에는 발명한 게 그것밖에 없나 봐?
난 또 뭔가 굉장히 많은 걸 발명한 줄 알았지."

"응? 무슨 소리. 그럴 리가!
거니 네가 보면 뿅 하고 반할 아이템이 또 있지.
바다 농장의 내 두 번째 발명품으로 말할 것 같으면,
아주 폼나면서도 뭔가 귀엽고 또…"

"말할 거면 빨리 좀 말해 줄래?"
"내 초초초특급 발명품을 말로 설명하기란 너무 어려워. 그냥 보여 줄게. 자, 두 손을 높이 들어 줄래?"

"두 손을 높이? 이렇게?"
"그렇지, 그렇지. 좋았어. 그리고 손뼉을 힘차게 짝짝 쳐 봐!"
"응? 손뼉? 갑자기 뭘 응원하는 거야?"

손뼉을 다섯 번 치려는 순간이었어.
슝 하고 어디선가 시원한 바람이 불어왔지.
음… 마치 유성 택시를 타고 내려올 때의
그 느낌적인 느낌인데?

"응?"

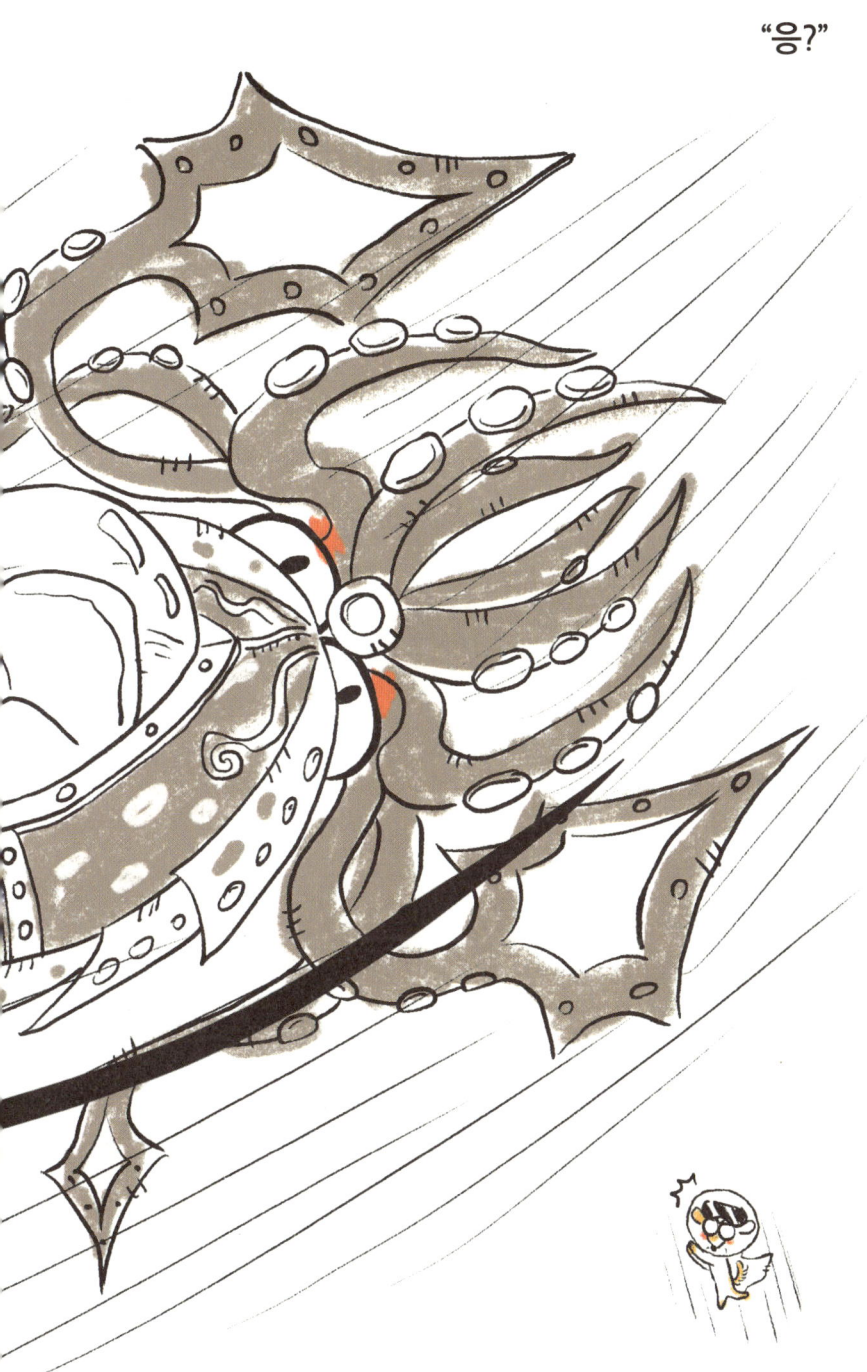

"흐흐흐, 이 〈울트라 짱 멋 카〉로 말할 것 같으면!"
"카? 자동차란 말이지?
 타 볼래. 타 보고 싶어. 타서 얘기하자, 주니야!"

이미 나는 〈울트라 짱 멋 카〉에 타고 있었어.
이럴 때 보면 주니랑 쌍둥이가 맞긴 한 것 같아.
평소에는 그렇게 겁도 많고, 조심성도 많은데 말이지.

"이 〈울트라 짱 멋 카〉를 타면 어디든 갈 수 있어.
마음속으로 원하는 곳을 말해 봐.
놀라운 일이 펼쳐질 테니까. 흐흐흐."
"어디든 갈 수 있다고? 정말?
음, 그럼 어디로 가지?
아악! 뭐야? 주니?"

"그걸 나한테 물어보면 어떡해?
거니 네가 마음속으로 어딘가를 떠올려서
〈울트라 짱 멋 카〉가 지금 움직이는 거잖아."

어디를 떠올렸느냐고?
글쎄, 너무 순식간에 일어난 일이라….
나는 그냥 지하 농장도 궁금했고,

하늘 농장도 잠시 떠올렸다가,

아기 로봇이 있는 우주 농장도 살짝 생각했을 뿐이야.
그런데 이 〈울트라 멋〉, 아니 〈울트라 짱 멋 카〉가
이렇게 순식간에 움직일지 누가 알았겠어?
나는 전혀 예상하지 못했다고.

"뭐야? 이거 정말
어디든 다 갈 수 있는 거야?
말도 안 돼!"

"내가 말했잖아. <울트라 짱 멋 카>라고.
여기에 타서 생각만 하면 어디든
갈 수 있어. 이 <울트라 짱 멋 카>는 '연결'에 특화되어 있거든.
어디든 다 통신으로 연결해서 이동할 수 있어. 어때, 끝내 주지?
아, 역시 이 바다 최강 초초초특급 천재 주니 님의 실력이란!"

또 시작되었군.
저 끝도 없는 자기 자랑….
후유, 역시 사람은 쉽게 변하지 않아.

미션 3 — 미션 키워드 **커넥티드 카**

나만의 〈울트라 짱 멋 카〉를 그려라!

주니가 만든 〈울트라 짱 멋 카〉를 타면 어디든 연결되므로 쉽게 이동할 수 있었어요. 내가 타고 싶은 〈울트라 짱 멋 카〉의 모습을 상상하여 멋지게 그려 보세요.

스마트 카라고 들어 봤어? 스마트 장비를 갖춘 모든 자동차를 말해.
이런 스마트 카에서 발전한 게 자율 주행 자동차야.
'자율 주행'은 스스로 달린다는 뜻이지.
자동차의 스마트 장비와 주변 사물 통신 시스템 간에
통신을 주고받으며, 운전자가 할 일을 최소화해서
달리는 자동차가 바로 자율 주행 자동차야.

오빠 달려~

스마트 카에서 만족하면 주니가 아니지!
<울트라 짱 멋 카>는 이보다 한발 더 앞선 커넥티드 카야!
자율 주행 자동차이면서 집, 도시 등과 연결되어 다양한 기능을 제공하는
미래형 자동차를 '커넥티드 카'라고 해.
아, 물론 이런 커넥티드 카를 현실에서 사용하려면
바다 농장의 '스마트 시(sea) 팜'처럼 스마트 도시가 먼저 갖춰져야 해.
즉, 스마트 가전이나 스마트 홈뿐만 아니라 자동차와 도시까지
모두 연결되어 있어야 한다는 말이지! 이때 편리함은 물론
안전도 보장하고, 즐거움도 선사할 수 있어야 하는 건 당연하겠지?

5장
상상 그 이상

지하 농장의
방방꽃보다 더 재미있고,

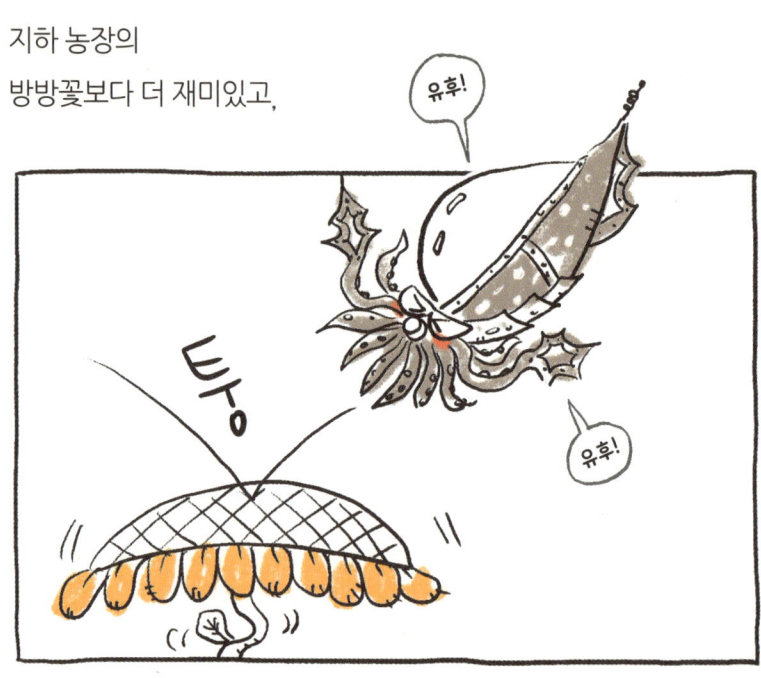

하늘 농장의 액괴 놀이방만큼 요상하면서,

우주 농장의 쉬~야로 만든
VR 안경보다 감동적이었지.

아, 물론 쉬~야가 감동적이라는 뜻은 아니야.
네버, 절대, 요만큼도.

"그럼 이 <울트라 짱 멋 카>만 있으면 보고 싶은 거대 병아리, 우리 AI 아기 로봇도 만날 수 있는 거야? 그런 거야?"

"흐흐, 거니 네가 그렇게 나올 줄 알았지.
이 〈울트라 짱 멋 카〉는 이동할 때 사용하는 거고.
바다 농장을 벗어나면 오래 머물 수 없어.
금방 다시 돌아와야 해."

"문? 문이라니? 무슨 문?"
"그냥 따라와, 보여 줄 테니. 보면 깜짝 놀랄걸. 흐흐흐."

그렇게 주니를 따라가 도착한 곳은
기다란 타워의 꼭대기 층이었어.

"헉헉. 뭐야, 이 높은 건물은? 거대 줄기랑 닮은 것 같기도 하고,
마녀 탑 같기도 하고…. 경이로운 소문인지 대문인지,
그냥 나는 보지 않는 게 좋을 것 같아.
주니야, 주니?"

"빨리 와. 다 왔어. 여긴 쇼핑 타워로 쓸 거야.
단, 꼭대기 층은 특별하지."

"응? 진짜 문이잖아? 소문도 있고, 대문도 있어.
 대박! 말도 안 돼."

"드디어 이 문을 열어 볼 기회가 왔군. 자! 열어 봐, 거니야."

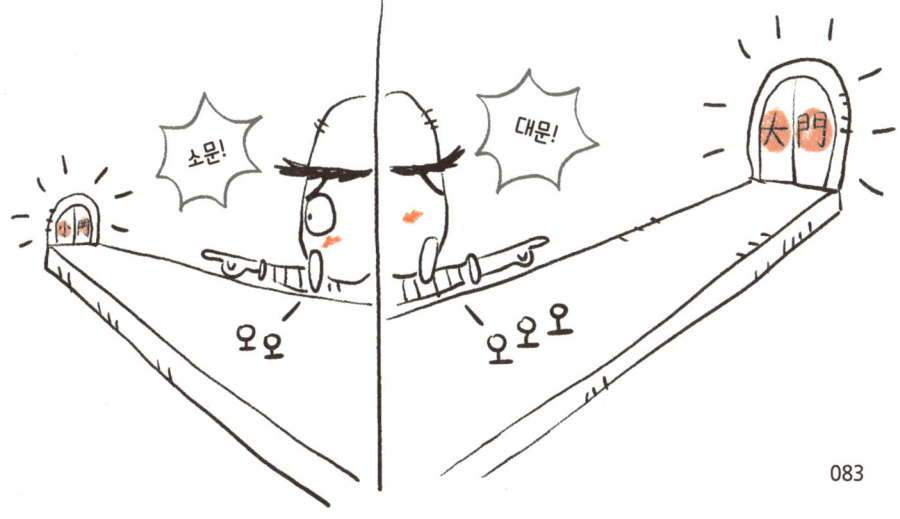

"열어 보라고? 내가? 왜?"
"흐흐, 널 위해 준비한 거니까."

음… 뭔가 굉장히 찜찜하지만,
일단 소문부터 열어 보기로 했어.

소문은 말 그대로 경이로웠어.
소문이 열리자 지하 농장 친구들이 우르르 쏟아졌지.

내가 지금 나는 걸까? 수영하는 걸까?

이게 뭐야. 너무 좁잖아.

하이, 거니! 정말 오랜만이야. 우리는 네가 우리를 잊어버린 줄 알았어.

필요할 때만 피리로 우리를 잠깐 부르더니…. 이번엔 또 뭐야?

꼬꼬

닭이 된 병아리들

086

"안 되겠다. 대문은 내가 열어야겠어.
이 황홀한 순간을 거니만 즐길 수는 없지."

"그런데 주니야, 왜 문이 두 개밖에 없어?
우주 농장은? 우리 AI 아기 로봇은?
설마 우리 AI 아기 로봇을 버리려는 거야?
파리처럼 작은 외계인들이 죄지,
우리 AI 아기 로봇은
죄가 없다고!"

"진정해, 거니야.
설마 내가 우주 농장과 연결되는 문을
안 만들었을라고.
그런데 거긴 좀 문제가 있어."

"문제? 무슨 문제?"
"우주는 멀어도 너~~~무 멀어.

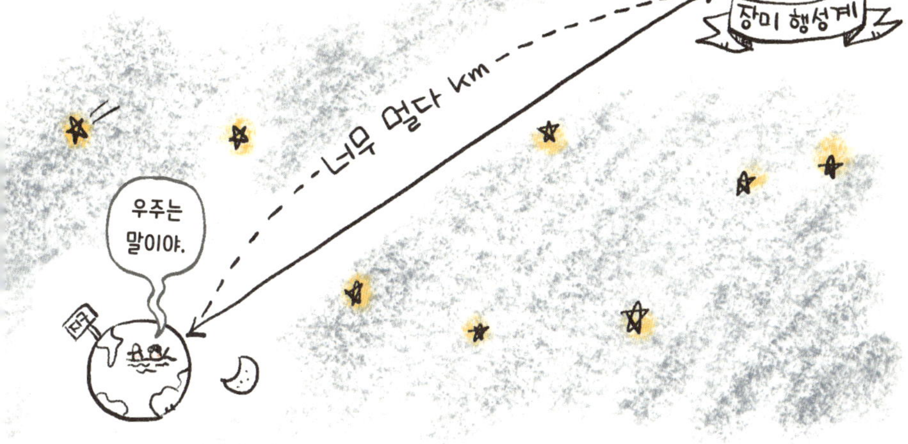

이 타워 높이로는 안 된단 말이지. 그래서 준비했어.
이름하여, 〈경이로운 소문과 대문〉에 이어
바다 농장을 모든 연결의 끝판왕으로 만들어 줄
〈귀염뽀작 탱탱문〉!"

주니의 야심찬 소개 끝에 손바닥 위에 올라온 것은…

그냥 작은 탱탱볼이었어.

탱탱볼 알지? 그냥 탱탱볼.

탱탱문 아니고 탱탱볼.

"이건 탱탱볼인데?"

"잘 봐. 여기 문이 있잖아. 문.
 탱탱볼 아니라니깐. 〈귀염뽀작 탱탱문〉이라고!"

"탱탱볼이든, 탱탱문이든, 이걸로 어떻게 우주 농장이랑
 연결한다는 거야? 그게 말이 돼? 말이 되냐고!"

더 이상 내 말이 들리지 않는군.
역시 주니는 주니야.
알 수 없는 웃음과 함께 냅다 탱탱볼을 던지는 걸 보니,
드디어 정신줄을 놓은 게 틀림없어.

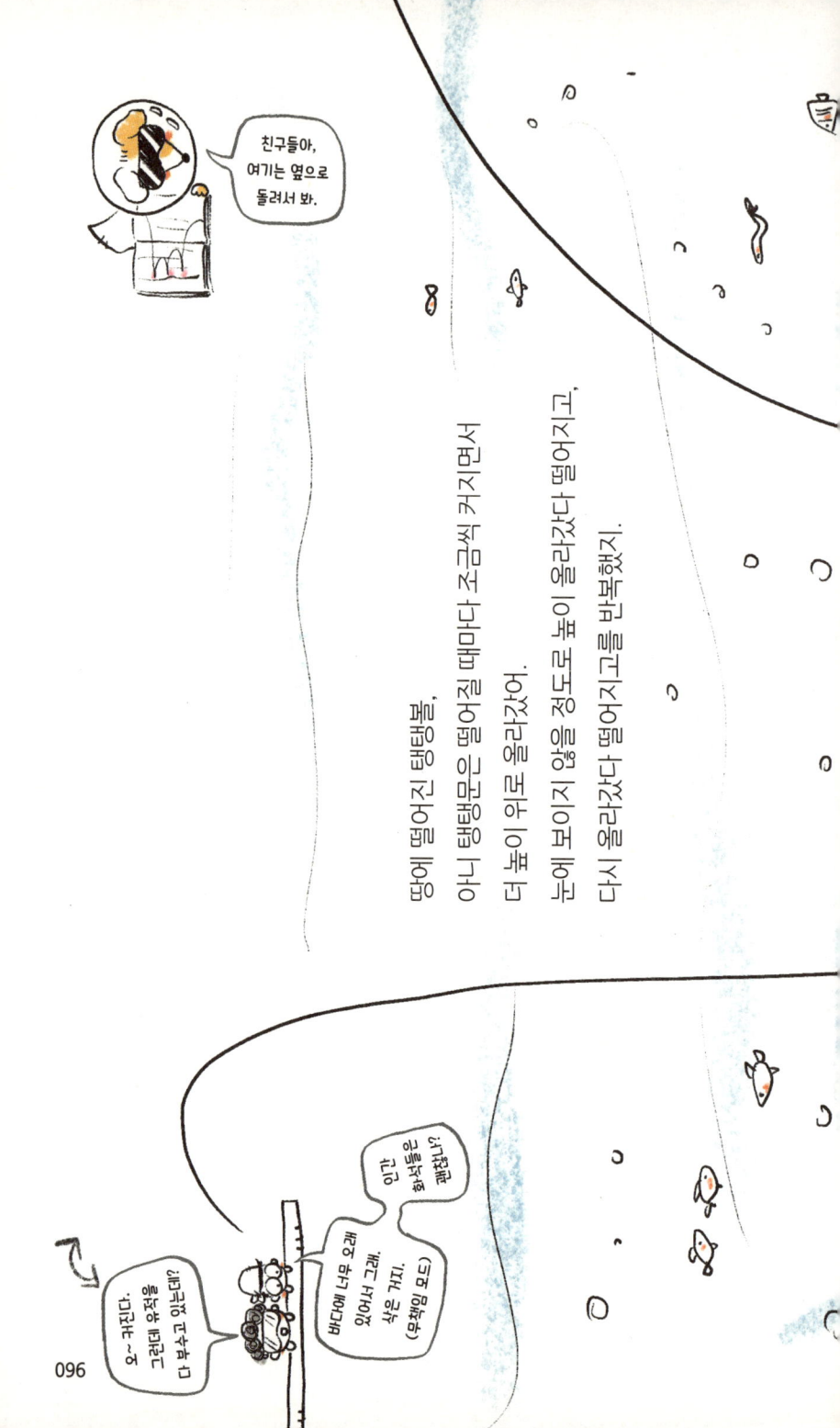

미션 4

미션 키워드 **초연결** 사회

연결하고 싶은 대상을 그려라!

주니가 만든 〈경이로운 소문과 대문〉으로 연결하여 여러분이 만나고 싶은 사람은 누구인가요? 보고 싶은 사람의 얼굴을 그려 보세요.

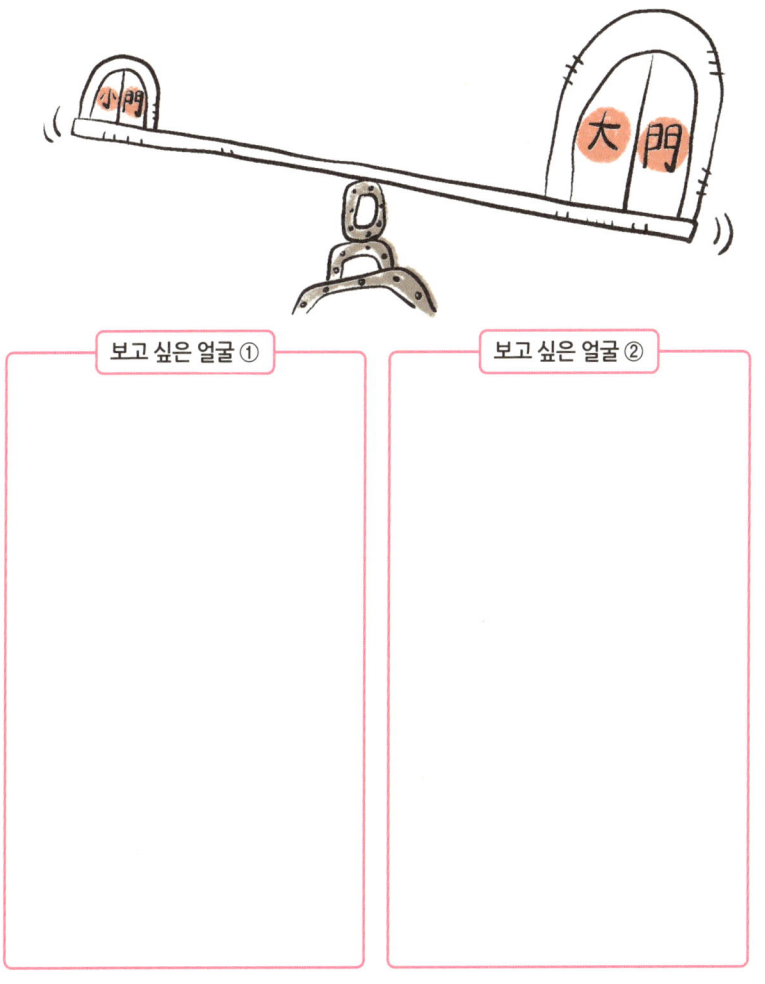

보고 싶은 얼굴 ①

보고 싶은 얼굴 ②

주니가 만든 <경이로운 소문과 대문> 덕분에
지하 농장, 하늘 농장, 우주 농장 친구들과
오랜만에 만날 수 있었어.
그런데 실제로도 이런 일이 가능할까?

리스펙트!

현재니까.

현재 기술로는 영상 화면으로 보여 주는 줌(ZOOM)이나
유튜브 같은 것을 이용해서 온라인으로 만날 수 있어.
하지만 머지않은 미래에 공간 이동 기술이 발달한다면,
우리처럼 보고 싶은 친구들을 언제든지 만날 수 있게 될 거야.
이렇게 인터넷을 통해 사람 간의 연결은 물론
사람과 사물, 심지어 사물 간 연결 등 말 그대로 '연결의 영역을 뛰어넘는' 사회를
초연결 사회라고 해. 쉬운 예로 우리는 지금 한국에 있지만
미국, 프랑스, 인도 등 세계 곳곳의 친구들과 영상 화면으로
언제든 원하는 때 연결할 수 있지? 이것이 바로 초연결 사회야.

6장
화석이 살아있다!

오랜만에 평화가 찾아왔어.

"음… 너~~~무 좋아.
 너~~~무 좋은데…
 불안해."

이(익숙한) 불안감…. 음…

이역국 같은 미역차

달그락

너희들도 알겠지만,
절대, 네버, 《팜》이 이렇게 조용할 리가 없잖아?
마지막 권이니, 뭐 대충 이렇게 해피엔딩으로 끝나는 걸까?

경 해피엔딩 축

예… 예…

하 하 하

멍이의 한자 동화에서 만나.

굿바이.

다행히 아무도 안 죽었어. 어여 끝내자.

그동안 함께해 준 친구들,
고마워.
지하, 하늘, 우주, 바다.
다 가서 이제 갈 데가 없어.
마지막 《팜》은
여기서 끝내는 게 딱 좋아.
어린이 책인데 사실 너무 두꺼웠어.
그동안 읽느라 힘들었지?

역시 그럴 리가 없지.
주니의 저 흥분한 목소리만 들어도
절대, 네버, 이렇게 조용히 끝나지는 않을 거라는 말씀.

"드디어 성공했어! 성공했다고. 흐흐흐."
"좀 침착해, 주니. 뭘 성공했다는 거야?"
"인간 화석을 되돌릴 수 있는 방법을 찾았단 말씀!"

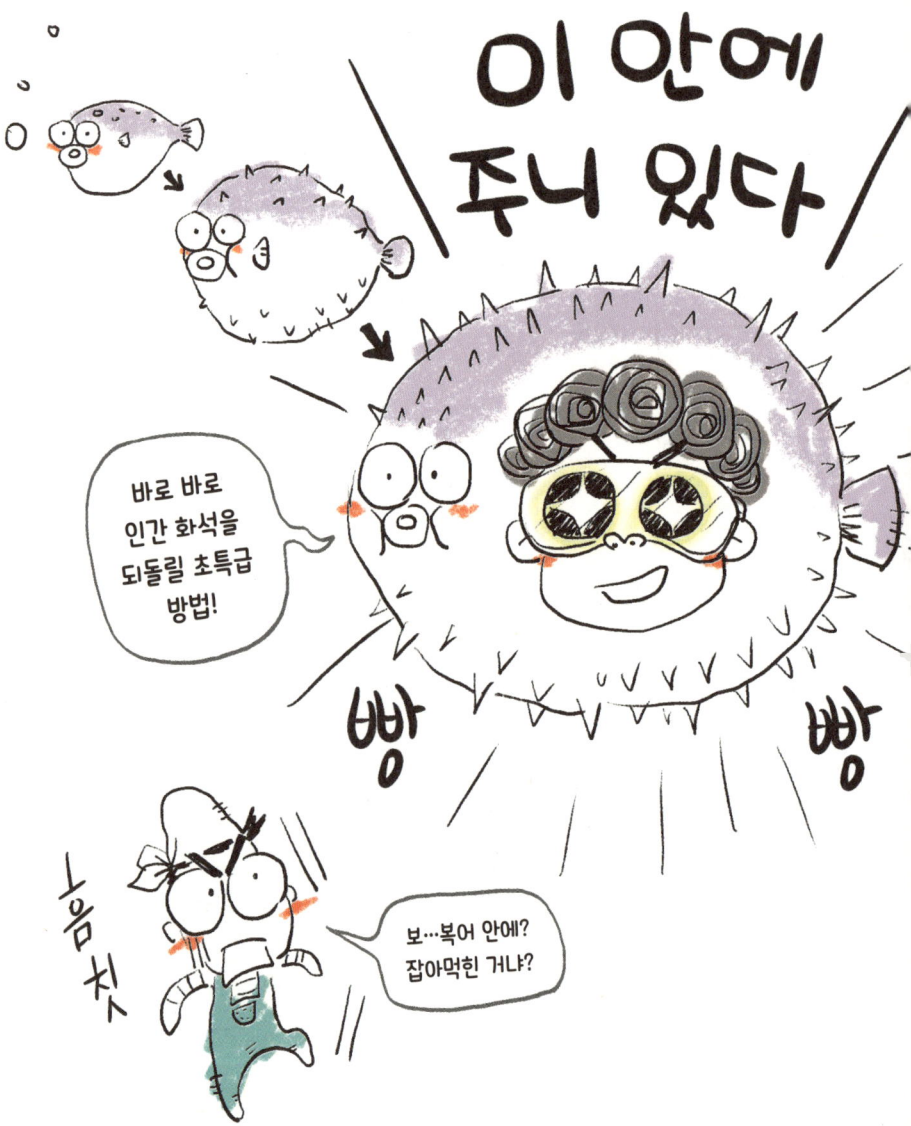

"뭐? 정말?"
"내가 지금 이러고 있을 때가 아니지.
 인간 화석을 되돌리러 가야지."
"주니야, 주니? 같이 가!"

"도대체 뭘 하는 거야, 주니야!"
"흐흐, 지금 아주 중요한 과정을 수행 중이라고.
 이들에겐 이렇게 인간의 살아있는 세포,
 즉 나의 세포가 필요해.
 이렇게, 이렇게 비비면서 내 세포들을 전달하는 거야"

"그건 그냥 네가 문질러서
 각질 제거하는 것처럼 보이는데?"

한참을 그렇게 번갈아 가며 인간 화석들에
몸을 비비던 주니는 주머니를 뒤지기 시작했어.

"이것도 아니고, 이것도…. 오, 찾았다!
 이제 이걸 쏘기만 된다고!
 오! 가슴이 두근두근, 이 느낌 오랜만이야."
"뭐야, 그건? 주사기? 총?"
"내 세포들과 저 인간 화석이
 화학 반응하도록 도와줄 〈줄기줄기 주사기〉지!"

맙소사! 〈줄기줄기 주사기〉라니,
무슨 이름이 저래. 화학 반응인지, 확마 반응인지
주니는 〈줄기줄기 주사기〉를
총 쏘듯 인간 화석에게 계속 뿌렸어.

"주니야, 아무래도 실패한 것 같은데? 너무 조용한걸."
"그럴 리가 없는데…. 내 실험이 실패할 리가 없어.
 나 주니야, 주니라고. 내 천재성도 끝난 건가?
 바다 농장이 끝이라고 내 천재성마저 없애 버리는 거야?
 그런 거야?"

그때였어. 인간 화석에 광택이 돌기 시작했어.
음… 어떤 광택이냐면,
은박지로 감싸는 느낌? 아니야, 부족해.
은색 물감을 온몸에 바르는 느낌?
아니야, 아니야.
이것도 부족해.
금덩이, 아니 은 덩어리가 녹아서
말랑말랑 액체로 된 것을
뒤집어쓰는 느낌?

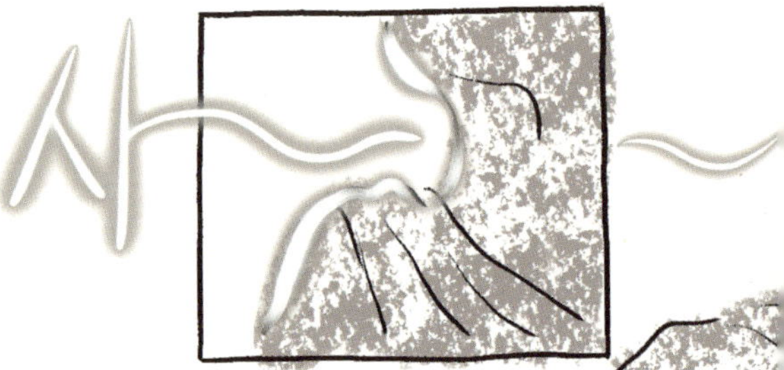

"주… 주니야? 주니!
그쯤 하고, 저 인간 화석들을 좀 볼래?"
"내가 지금 천재성을 잃어 가지고…. 응? 뭐야?
인간 화석이 살아나기 시작한 거야?"
"음, 뭐랄까? 살아나긴 살아났는데, 우리가 생각하는
그런 인간은 아닌 것 같지?"

"그게 뭐가 중요해?
내가 인간 화석을 되살렸다는 것이 중요하지,
역시 난 바다 최강 초초초천재 주니 님이야.
하하하하, 내 천재성은 죽지 않았다고!"

"지금 그럴 때가 아니야.
저 인간 화석인지, 저승 화석인지 좀 보라고!
어디서 많이 보던 장면 아냐? 지하 농장에서 봤던
사냥새의 눈빛에, 하늘 농장에서 봤던
번개들의 번쩍거림을 가진 몸. 우주 농장의 파리처럼
작은 외계인들만큼 수도 많다고!
우리 여기서 정말 끝장나는 것 아냐?"

미션 5

미션 키워드 **인체 재생 기술**

죽은 세포를 살려라!

주니가 발명한 〈줄기줄기 주사기〉는 죽은 세포를 다시 살려 인간 화석을 되살렸어요. 도롱뇽도 이렇게 자신의 꼬리를 재생하는 능력이 있다고 해요. 아래 도롱뇽의 꼬리를 그려 재생하고 색칠해 보세요.

도롱뇽이 위험해지면, 꼬리나 다리를 떼어내고 도망친 뒤 재생하는 것을 본 적 있어? 이와 비슷하게 다치거나 상한 몸의 일부를 재생하거나, 몸의 어떤 조직 유형이든 재생하는 기술을 **인체 재생 기술**이라고 해. 이 기술을 이용하면 도롱뇽은 같은 방법으로 턱, 눈은 물론 장기와 척수까지도 필요에 따라 재생할 수 있을 거래.

만약 우리 인간이 도롱뇽처럼 인체 재생 기술을 가지게 된다면 어떻게 될까? 다쳐도 금방 원래대로 돌아오고, 암과 같은 병에 걸리더라도 병에 걸린 장기를 새롭게 재생할 수 있을 거야. 물론 아직은 기술이 많이 부족하지만, 스스로 똑같이 복제하는 능력인 자가 복제 능력을 가지고 있는 줄기세포 연구 등이 더 발전한다면, 가까운 미래에는 이러한 인체 재생 기술이 실현될지도 몰라.

7장
두 눈이 되어

"거니야, 왜 무서워하고 그래.
보기엔 저래도 평화주의자일 수도 있지.
내 세포로 살아난 인간 화석이라고. 날 적으로 볼 리 없어."

"아닌 것 같은데?"

"내가 대화를 시도해 볼게. 이 평화주의자 주니가 말이야."

"네가 평화주의자라고? 언제부터?"

"아아, 신사 숙녀 여러분! 많이 놀랐죠?
오랜 시간 화석으로 지냈으니 그럴 만도 하죠.
나는 여러분을 되살린, 바다 농장에서 제일 잘생기고 똑똑한
평화주의자 주니라고 해요. 다 같이 한번 불러 보죠. 주니!
뭐라고요? 주니!"

(속삭이듯이) "주…주니야, 저 눈빛을 봐. 그게 지금 통할 것 같아?"

주니의 말이 막 끝난 순간이었어.
주니랑 똑같이 생긴 인간 화석이 주니의 머리털을 잡았어.

아, 이 머리털로 말할 것 같으면 너희들도 다 알지?
〈무엇이든 출력출력〉으로 만든 3D 머리털. 모르겠다고?
설마 그럴 리가. 아직 3권 우주 농장을 안 읽었어? 말도 안 돼!
지금 당장 가서 읽고 와. 지금 당장!

"아악! 내 머리, 내 머리가 어떻게 된 거야!"

그랬어. 인간 화석이 만지자마자 주니의 머리털이 그들과 똑같이 변해 버렸지.

"뭐 하는 거야? 어서 도망쳐야 해. 빨리!"

"내 머리털, 내 머리털!"

"그냥 벗어 던져. 어차피 네 머리털도 아니잖아!"

"아참, 내 머리털이 아니었지. 휴, 괜히 놀랐잖아."

"어서 여길 빠져나가야 한다고! 우리 몸도 저렇게 변하기 전에!"

"잠깐만, 진정 좀 하고. 정말 내 머리털인 줄.
 흠…, 거니야, 두 손을 높이 들어 봐."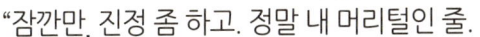
"지금 이 상황에서?"
"머리가 나쁘면 손발이 고생한다니까. 이래서 복습이 중요한 거야.
 자, 다시 두 손을 높이 들고 손뼉을 어떻게?"
"어떻게? 이렇게?"

음… 잠깐 잊고 있었어. 우리에겐 어디든 갈 수 있는
〈울트라 짱 멋 카〉가 있다는 것을 말이야.

"자! 어서 타. 그리고 빨리 생각해, 어디로 갈지."
"좋아."

"여기가 어디야? 으악, 여기도 온통 인간 화석이잖아? 다음 곳, 다음 곳!"

늦었어!

우글 우글

너무 놀라 알문이 막힘

이 차를 팔면 개껌 10박스를…

그렇게 안 보이겠지만 굉장히 무서워하고 있는 거라고.

"여기도 이미 점령당했어, 다시, 다시!"

"여긴 어디야? 여긴 괜찮은가?"

"아직 여기까지는 못 온 것 같아. 이제 어쩌지?
곧 여기로도 인간 화석들이 몰려올 텐데. 그런데 여기는 어디지?
주니야, 바다 농장에 내가 모르는 곳이 있어?"
"여기는 드론 보관소야, 드론 보관소."
"드론? 하늘로 띄우는 그 드론? 여기는 바다 농장인데
드론을 왜 만든 거야, 도대체?"

"쯔쯔, 드론을 꼭 하늘에 띄워야 한다는 고정관념은 버려.
바다가 얼마나 넓은데, 넓은 바다 곳곳의 정보를 모으려면
잠수 드론 정도는 있어야지."

이때였어. 주니와 내 눈이 마주쳤지.
"지금 내가 생각한 것을 너도 생각하는 거?"
"지금 내가 생각한 것을 너도 생각하고 있고, 그것이 같다는 거?"
"지금 내가 생각한 것을 너도 생각하고 있고, 그것이 같다는 것을 아는 거?"

무슨 말이야, 대체.
아무튼 중요한 건 우리가 지금 같은 생각을 하고 있다는 거야. 바로 저 잠수 드론만 있으면 인간 화석이 없는 곳으로 피할 수 있다는 거지. 그러는 사이에 이곳에도 인간 화석이 모여들었어.
"자, 그럼 작동을 시작해 볼까? 흐흐."

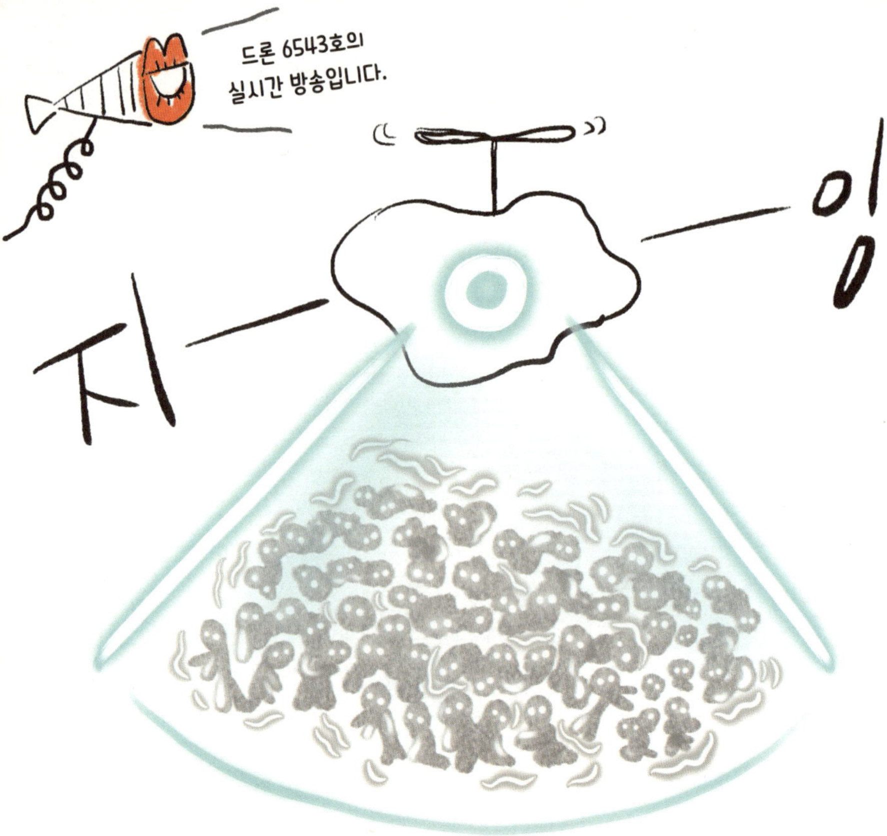

"맙소사, 동물 사육장의 동물들이 모두 인간 화석처럼 변했어.
아니지. 살아 움직이니 화석도 아니고,
그렇다고 인간도 아니고,
그럼 좀비?"

미션 6

미션 키워드 **드론**

사용 용도에 맞게 드론을 조종하라!

다음 드론 그림을 보고 각각 어떤 일에 필요할지 알맞은 내용을 찾아 연결해 보세요. 또, 인간 화석에게 쫓기는 주니와 거니를 도운 '잠수 드론'처럼 나에게 드론이 있다면 무엇을 도와주면 좋을지도 적어 보세요.

 • • 멀리 있는 곳으로 긴급 의약품을 보내야 할 때 사용해요. 응급구조 키트가 필요할 때 유용하죠.

 • • 사람이 가기 어려운 산속 깊은 곳이나 먼 바다 위에서 어떤 일이 일어나는지 관찰하고, 사건이나 사고를 감지할 때 사용해요.

 • • 멀리 있는 곳까지 물건을 배송할 수 있어요. 사람 대신 드론이 배달을 가요.

 • • 벌 대신 꽃가루받이를 도와줄 수 있어요.

 • • 여러 대의 드론이 가까워졌다 멀어졌다 하며 공연할 수 있어요. 예쁜 색 조명을 달면, 아주 멋진 군집 드론 조명 쇼를 펼칠 수도 있어요.

나에게 드론이 있다면 무엇을 도와주면 좋을까요?

드론이란 무인 비행 장치를 일컫는 말이야.
쉽게 말해 사람이 타지 않고, 멀리 떨어진 곳에서 조종하는
원격 조종으로 비행하거나 스스로 비행하는 비행체라는 뜻이지.
어디에 사용하느냐에 따라 카메라, 센서, 통신 장비 또는
다른 장비를 싣기도 해. 잃어버린 사람을 수색하거나
산불을 감지하는 일에도 사용되고 각종 사건·사고의
모니터링, 교통상황 모니터링, 건물 열손실 및 파손 확인,
해양에서 해적을 감시하고 위협 감지 시 경보를 울리는 일에도 사용돼.

오, 드론의 종류에 따라 쓰임이 정말 다양하다.
주니야, 태양열을 차단하는 그늘 드론, 미세먼지를 잡는
나노 드론도 있다던데 지하 농장이랑 하늘 농장에
하나씩 만들어 주면 안 돼?

8장
무슨 일이 있었던 거야?

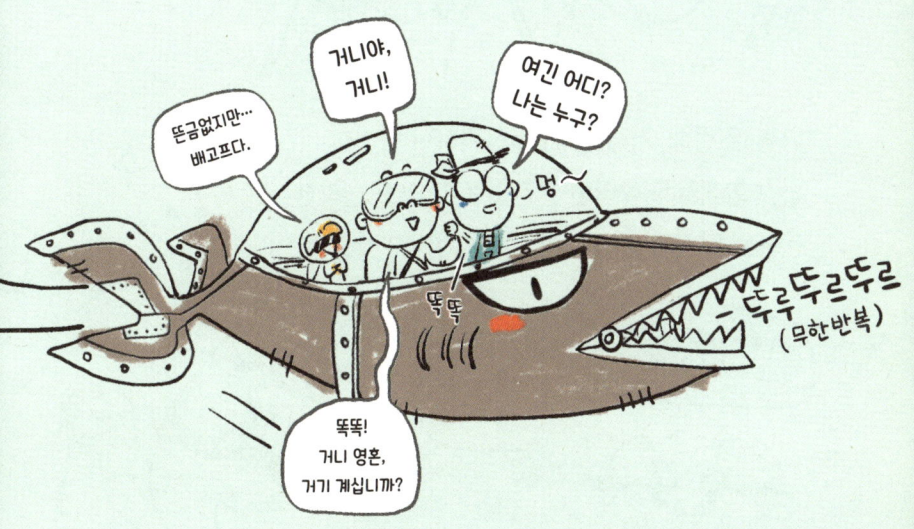

"거니야, 정신 차려."

"여기는 어디? 좀비 세상? 우리 좀비가 된 거야? 그런 거야?"
"그린 스마트 시 농장 뒤편이야.
여기엔 아직 인간 화석들이 없어."
"인간 화석이 아니라고. 살아 움직이잖아.
주니 네가 좀비를 만들어 버린 거라고!"

"워워. 진정해, 거니야. 거참 신기하단 말이야.
인간 화석을 되살리면 인간이 될 거라고 생각했는데,
은물을 뒤집어 쓴 좀비라니. 흠, 기대 이상인걸?"

"지금 그게 중요해? 이제 어떻게 할 거야?
저 인간 화석인지, 은물 좀비인지 하는 녀석들에게 잡히면
우리도 똑같이 변할 거라고! 빨리 방법을 생각해 봐!"
"흠…."
"빨리 좀 생각해 보라고. 난 싫어! 난 싫다고.
저렇게 변하긴 싫단 말이야. 어떻게 하지?
잡히기 전에 그냥 내가 콱 물어 버릴까? 좀비 거니?
맙소사, 좀비 거니라니?"

모니터 위로 장미가 보였어.

"도대체 어떻게 된 거야?

 왜 인간 화석이 은물 좀비가 된 거지?"

"분석이 완료되었습니다."

"이건 뭐지?"

"흠… 그러니까 인간 화석이 은물 좀비가 되었다는 것이고, 인간 화석이 원래는 인간이었는데… 어떻게 인간 화석이 되었는지는… 물음표? 그리고 사냥꾼이 침입해서…. 뭐? 사냥꾼? 우리가 쫓던 그 사냥꾼?"

"결국 이 모든 게 사냥꾼 때문이었던 거야. 하긴 우리가 바다 농장에 떨어진 것도 사냥꾼을 쫓아서 온 거긴 하지만."

"여기 봐, 주니야. 사냥꾼이 놓친 해커, 해적이 있나 봐."

"이 해커인지 해적인지를 찾아야겠어."

"그래. 어서 찾으러 가자. 인간 화석, 아니 은물 좀비인지 뭔지가 몰려들기 전에."

"그런데 해커인지 해적인지는 어떻게 찾지?
 어디 있는 줄 알고?"
"주니 네가 알고 찾으러 간다는 것 아니었어?"
"아니, 난 모르는데."

미션 7   미션 키워드 **데이터 시각화, 관계도**

인물 관계도를 그려라!

바다 농장에 나오는 인물을 중심으로 관계도를 완성해 볼까요? 필요한 인물을 추가하고, 관계에 따라 선과 화살표로 연결해 보세요.

데이터 분석 결과를 쉽게 이해할 수 있도록 시각적으로 표현하고 전달하는 과정을 데이터 시각화라고 해.
3권 우주 농장에서 배웠던 '워드 클라우드' 기억나?
이것 역시 분석한 데이터의 결과를 핵심 키워드로 잘 보여 주는 데이터 시각화의 결과물이야.

이건 그냥 거미줄.

그런데 어떤 인물들 사이에 혹은 사건 사이에 어떤 관계가 있는지 궁금하다면, 관계형 데이터를 분석해야 해. 그래서 데이터를 시각화할 때도 이것을 잘 표현할 수 있도록 거미줄 모양의 관계도로 나타낸대.
각 아이템 또는 요소들 사이의 관계를 선으로 연결해서 나타내는 건 기본이야.
아이템의 성질에 따라 선의 색깔을 다르게 하거나, 관계의 정도에 따라 연결한 선의 굵기를 다르게 하는 등 다양하게 바꿔서 활용할 수 있어.

9장
해적? 해커?

"그런데 이 싸한 느낌은 뭘까?"
"거니 네가 어디로 갈지 빨리 생각해야 할 때란 거지!"

"여기야, 여기!"

"후유, 살았다."

"바다 생물들은 아직 은물 좀비의 정체를 모르나 봐."

"가만, 바다 생물들은 알지 않을까? 그 해커인지, 해적인지를?"

그때였어. 귀여운 해마가 피팅룸 앞에서
포즈를 취했지.

"오, 이 구역 패션 일짱은
해마 너로구나!"
"호이, 너희들이 이 바다 농장을 만든
거니와 주니로구나.
소문보다 더 해괴하게 생겼군."
"해괴라니. 초절정 꽃미남
주니 님을 보고도 그런 말이 나와?"

"그건 중요한 게 아니고,
해마 너한테 물어볼 게 있어."

"바다에서 내가 모르는 게 없기로 꽤 유명하긴 하지.
 그래, 뭐가 궁금한 거야?"
"혹시 해커인지, 해적인지… 들어 본 적이 있어?
 고대 바다 도시의 사람들을 모두 인간 화석으로 만든
 사냥꾼으로부터 도망쳤대."
"해커? 그게 뭐야. 처음 들어 보는데…. 아는 해적들은 많지."
"뭐? 해적들이 많다고? 그럴 리가 없는데…."
"해적들이 모여 사는 마을을 알아. 흐흐흐."
"정말? 그곳이 어디야?"

"그냥 가르쳐달라고?
 내가 왜 가르쳐 줘야 하지?"

"세상에 공짜가 어딨어.
당연히 대가가 있지. 안 그래, 주니야?"
"응? 무슨 대가?"

"너 그 마법의 주머니 속에 있는 거 아무거나 좀 꺼내 봐.
해마한테 해적이 사는 마을에 대한
정보를 얻어야 할 것 아냐."

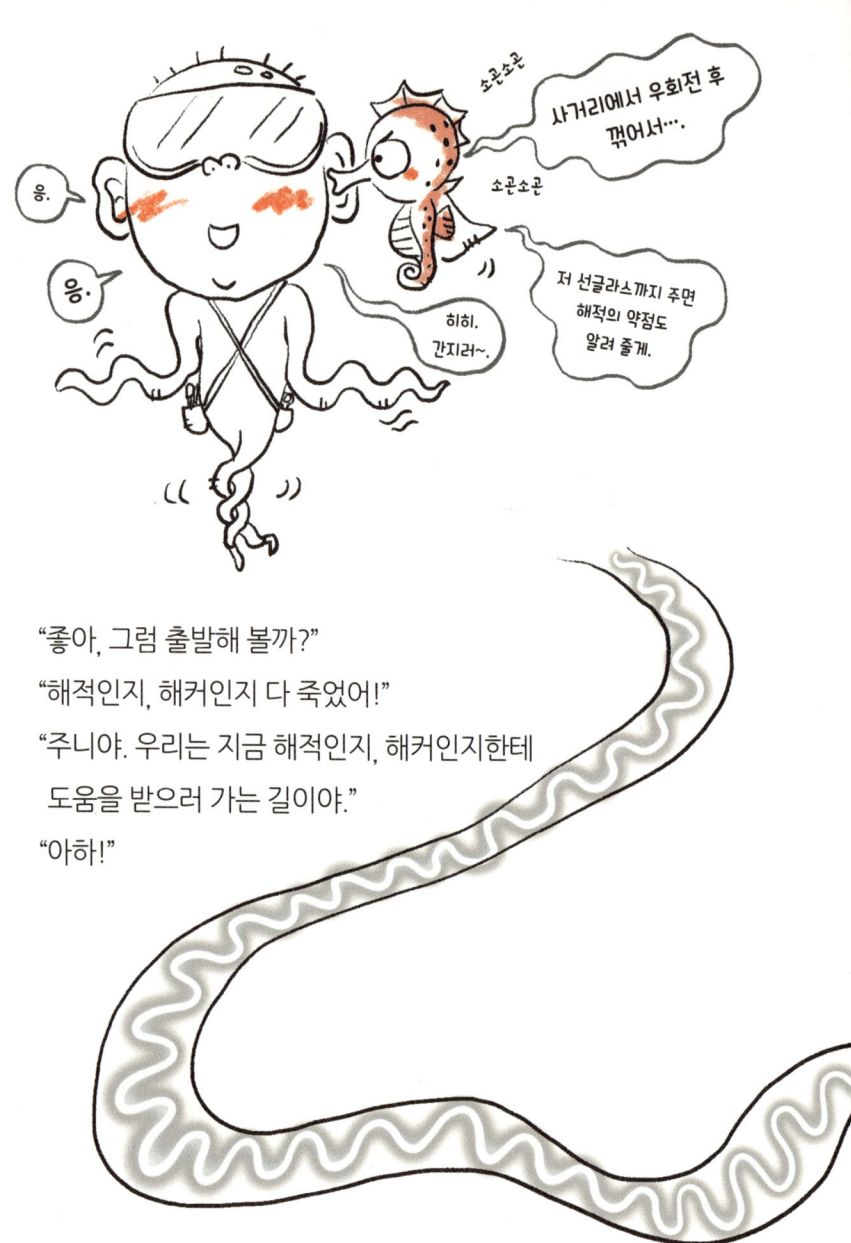

"좋아, 그럼 출발해 볼까?"
"해적인지, 해커인지 다 죽었어!"
"주니야. 우리는 지금 해적인지, 해커인지한테
 도움을 받으러 가는 길이야."
"아하!"

"뭔가 보물이 잔뜩 있을 것 같은데?
 좀 작긴 하지만, 아담하게 여기에 다시 바다 농장을 만들까?"
"정신 차려, 주니! 빨리 그 해적인지, 해커인지를 찾아야 한다고."

"거기 누구냐? 사냥꾼이 보낸 놈들이냐?"
"아… 그러니까… 저희들은…
 사냥꾼과는 전혀 상관없는 선량한 어린아이들로서…
 아… 은물 좀비로 변한 인간 화석들을 피해…
 그러니까 해커인지, 해적인지를 만나러… 이곳에 왔어요."
"감히 우리 해커 해적왕님의 이름을 함부로 부르다니!"

"해커 해적왕님, 여기 이상한 놈들이 나타났습니다.
아무래도 요 근래 바다 농장에 있었던
여러 가지 변화가 이놈들 때문인 것 같습니다."

"흠… 인간 화석을 되살린 걸 보면
사냥꾼과는 상관이 없는 것 같은데…."
"맞습니다. 해커님, 아니 해커 해적왕님.
저희는 지하 농장에서부터 사냥꾼을 쫓아서
하늘, 우주에 이어 여기 바다까지 왔어요."

"해커 해적왕님, 저희는 지금 그 은물 좀비로 변한 인간 화석들한테
쫓기고 있어요. 이 모든 문제를 해결하려면 사냥꾼을 잡아야 해요.
사냥꾼에 대해 아는 게 있으시다면 알려 주세요."

"나도 사냥꾼에 대해서는 잘 모른다.
다만, 사냥꾼이 흘리고 간 이 요상한 물건을
해킹하면서 알게 된 정보가 있긴 하지."

"오, 역시 해커 해적왕님!"
"그래서요? 알게 된 정보가 뭐예요?"

"사냥꾼이 처음에 노린 것은 고대 바다 도시의 사람들이 아니라 바닷속 마그마였다. 마그마를 화석으로 다 만들어 버리자 사람들도 모두 화석으로 변해 버린 거야. 사냥꾼은 이 바닷속 에너지가 마그마로부터 시작된다는 걸 알고 있었던 것 같아. 화석으로 변해 버린 마그마를 녹일 수 있다면, 모든 것이 정상으로 돌아올지도…."

"주니 네가 인간 화석을 되살린 방법으로
 마그마를 녹인다면?"
주니와 거니의 눈이 마주쳤어.
더 이상 망설일 이유가 없었지.

애네도 텔레파시를 쓰네?

그 더러운 방법!
그 천재적인 방법!
끄덕 끄덕
둘만의 텔레파시

어디 간 거지?

어디로 사라졌지?

뽕~

말로만 듣던 물귀신인가?

꺄아

뚜르뚜르뚜르, 이상하게 자꾸 따라 하게 되네.

미션 키워드 **해커와 크래커**

미션 8

착한 해커와 나쁜 해커를 찾아라!

다음 그림을 보고 해커 해적왕이 하는 일이 나쁜 일이면 빨간색으로, 착한 일이면 파란색으로 색칠해 보세요.

165

해커란 '해킹하는 사람'이란 뜻이야.
'해킹'이란 다른 사람의 컴퓨터 시스템에
자기 맘대로 들어가서 그것을 이용하거나
파괴하는 일을 말해.
해커는 컴퓨터를 전반적으로 잘 다루고,
그중에서도 특히 정보 보안에
뛰어난 전문가야.

그런데 좋은 목적으로 활동하는 해커도 있어. 해킹 프로그램에 관한 지식을
남의 컴퓨터에 침입하는 데 쓰는 것이 아니라, 보안이 약한 곳을 발견해
고쳐 주는 데 쓰는 해커를 화이트 해커라고 부르지.
나쁜 목적으로 활동하는 해커를 화이트 해커의 반대말로
블랙 해커라고 부르기도 해. 또, 해커와 비슷한 개념인 크래커도 있어.
해커는 컴퓨터에 침입해서 데이터나 프로그램을 이용하거나 파괴하는 데 그치지만,
크래커는 데이터나 프로그램을 훼손하거나 조작하는 범죄까지 저지른대.

그럼 이야기 속에서 해커 해적왕은
블랙 해커, 화이트 해커, 크래커 중
어디에 속할까?

10장
바다를 부탁해!

"여기야. 저 화산 속에 마그마가 있어."

"설마 뜨거운 마그마에
다 녹아 버리는 건 아니겠지?"
"화석으로 변했다잖아. 자, 들어가자!"
"어떻게? 주니야, 무슨 방법이 있어?"

"흐흐흐, 이 빨대면 충분하지.
이 빨대로 말할 것 같으면,
347억… 하고도 몇 번째더라?
암튼 그건 너희들이 계산하고.
내가 만든 발명품으로서
땅에 딱 꽂아주기만 하면!"
"빨대 하나 땅에 꽂는다고
뭐가 달라진다는 거야?"

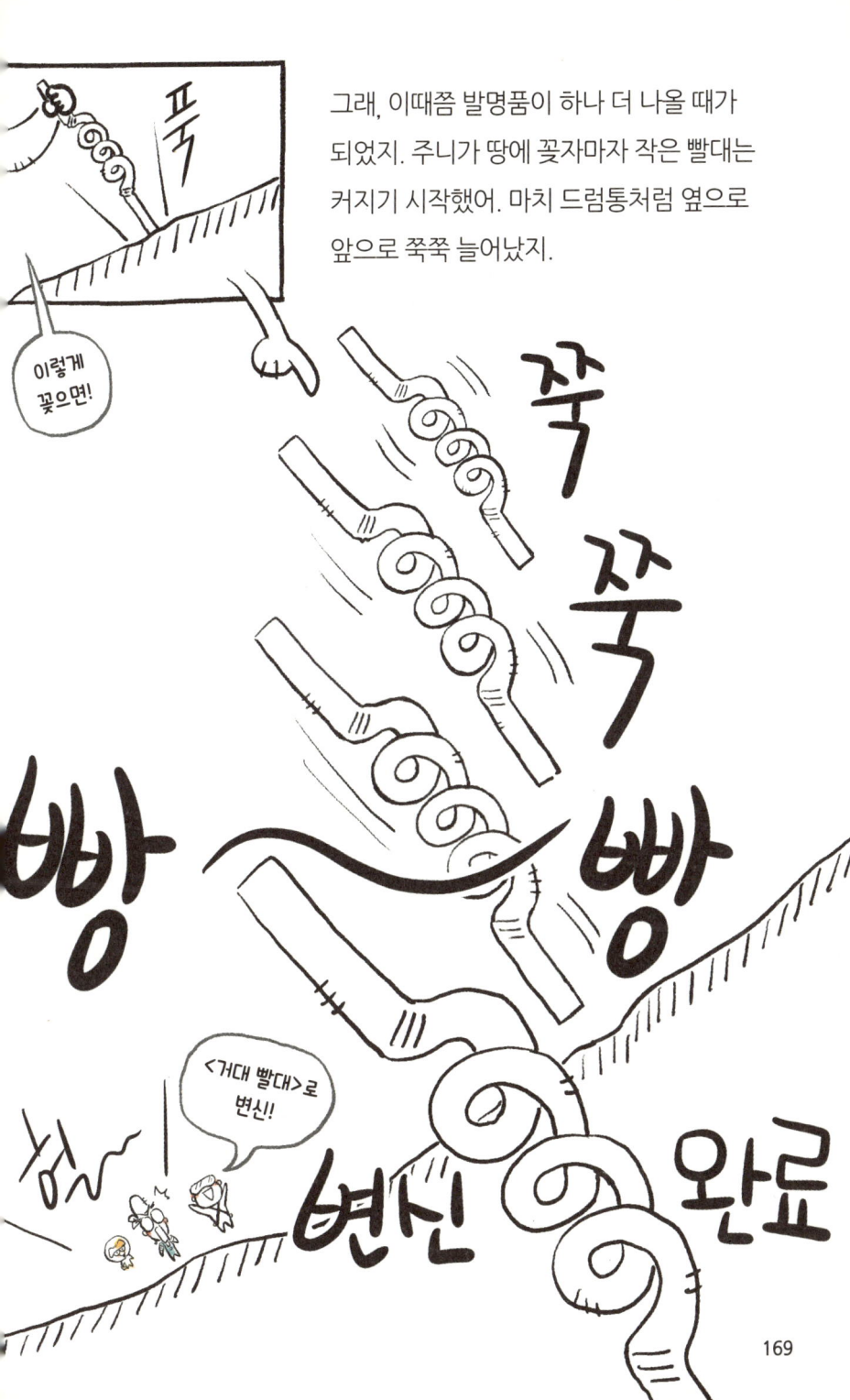

"오, 대박! 폼 좀 나는데?"
"내 발명품이 항상 그렇지 뭐."
그때였어. 여기까지
은물 좀비가 된 인간 화석들이
쫓아왔지 뭐야.

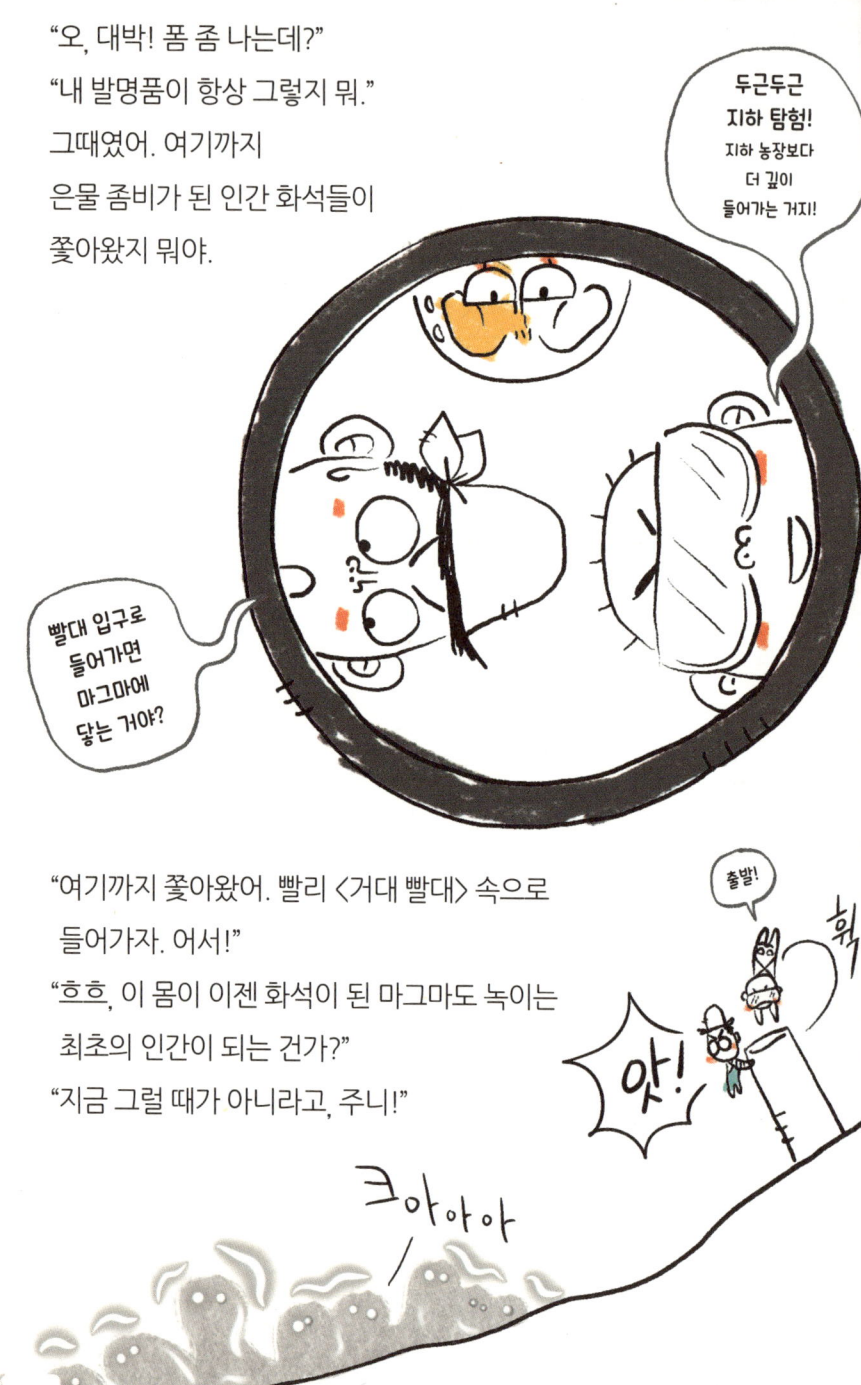

"여기까지 쫓아왔어. 빨리 〈거대 빨대〉 속으로
 들어가자. 어서!"
"흐흐, 이 몸이 이젠 화석이 된 마그마도 녹이는
 최초의 인간이 되는 건가?"
"지금 그럴 때가 아니라고, 주니!"

"잠깐, 주니야.
 그런데 마그마가 녹으면 우리는 어떻게 되는 거야?"
"어떻게 되긴, 마그마가 용솟음치는 황홀한 광경을 구경하겠지."
"과연 구경할 수 있을까?
 그전에 우리 몸이 마그마에 다 녹아내리진 않고?"
"오! 거니, 똑똑한데?"
"지금 그걸 말이라고 해?"

"내 세포를 대충 다 묻힌 것 같아. 그럼 저 멀리서
 〈줄기줄기 주사기〉를 쏴야겠다.
 얼른 쏘고 밖으로 나가자!"
"밖으로? 어떻게? 뒤에는
 지금 좀비들이 있는데?"
"그렇다면… 나를 따라와, 거니!"

미션 9 　　　　　　　　　　　미션 키워드 **마그마**

마그마를 완성하라!

사냥꾼이 노린 것은 바닷속 마그마였어요. 화산이 폭발할 때 땅속에서 나오는 마그마를 색칠해서 완성해 보세요.

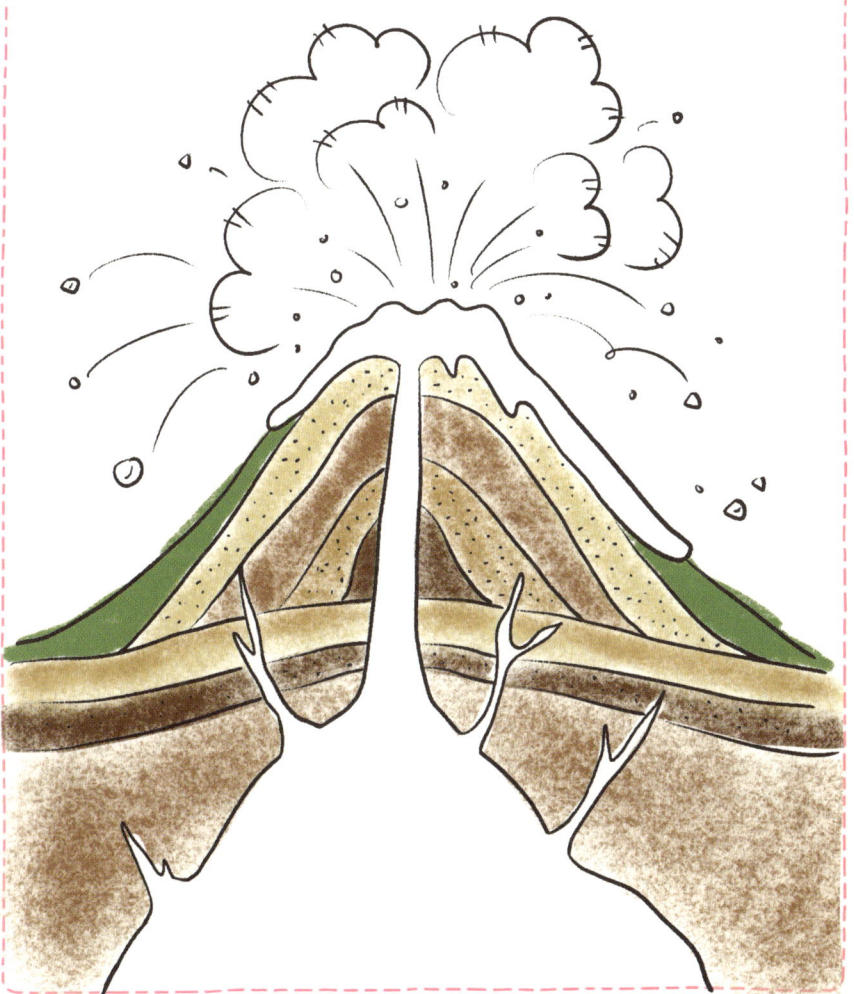

마그마란 땅속 깊은 곳에서
암석이 높은 열에 의해 녹은 물질을 뜻해.
이 마그마가 지표면을 뚫고 나와 흐르는 것은
'용암'이라고 하지. 용암에는 가스 성분이 대부분 빠져나가고 없어.
그러니까 마그마는 땅속 깊은 곳에 있고,
용암은 땅 위로 흘러내리는 거라고 이해하면 쉬워.
용암이 흘러내리다 굳으면 화산이 만들어져.
용암의 끈끈한 정도가 높으면 높은 화산이 만들어지고,
끈끈한 정도가 낮으면 낮은 화산이나 평평한 용암 대지 등이
만들어진대.

마그마에는 가스 성분이 들어 있고 온도는 650~1,300℃ 정도로 굉장히 뜨겁대.
만약 화석 마그마가 있던 곳을 빠져나오지 못했다면, 지금쯤 어떻게 됐을지
다시 생각해도 정말 끔찍해!

다행히 바다 농장은
예전 모습을 되찾은 것 같고."

"오, 다행이다. 우리 그럼 인간 화석, 아니지 사냥꾼을 물리친 거야?
이제 바다 농장으로 돌아가기만 하면 되는 거지?"

그래, 역시 주니는 주니야. 내 말을 들을 리 없지.
제자리에서 뱅글뱅글 돌고 있어. 불길한 징조야.
여기서 멈춰야 해. 제발 안 돼! 여기서 멈춰!

"왜 사냥꾼의 정체를 아무도 모르는 거지?
그 해커 해적왕인지, 해적 해커왕인지도
사냥꾼이 사용했다는 물건을 찾은 거지,
사냥꾼을 보진 못했어. 그 실체는 아무도 모른다고.
거니 넌 안 궁금해?"

"음… 그건 사냥꾼이 워낙 잘 숨기 때문이 아닐까?
굳이 우리가 그것까지 알아야 해? 이제 우리를 쫓는 인간 화석,
아니지, 은물 좀비도 사라졌고 바다 농장도 평화를 찾았어.
지하 농장으로 돌아가기만 하면 끝이라고."

"아니, 난 알아야야겠어. 이것보다 더 재미있는 건 지금 없거든!"

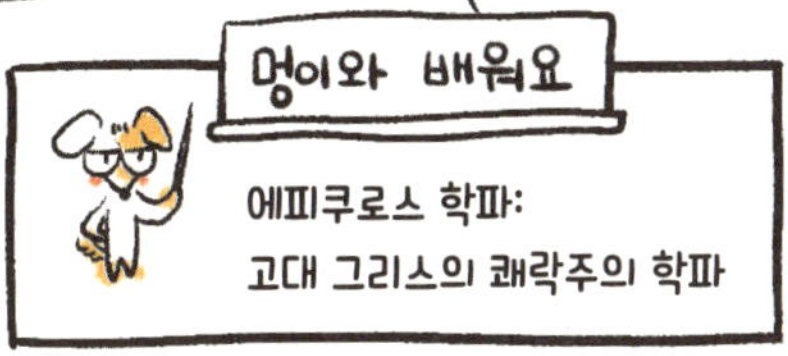

인생은 재미!
에피쿠로스가 그랬지.

그건 초등학교 교과 과정이 아니야!
그뜻도 아니고….

멍어와 배워요
에피쿠로스 학파:
고대 그리스의 쾌락주의 학파
※ 주의: 아직 몰라도 됨.

"너 그 말 1권 지하 농장에서도,
2권 하늘 농장에서도,
3권 우주 농장에서도 했거든!
그리고 잊은 모양인데, 4권 바다 농장이 마지막이야.
디 엔드(The End), 끝. 여기엔 거대 줄기도 없고,
새떼 다리도 없고, 유성 택시도 없어. 완전 끝이라고."

"하지만 난 이제 시작인 것 같아.
거니야, 사냥꾼은 뭐랄까… 우리 어린이들이 커 가면서 갑작스럽게 만나게 되는 시련, 아픔, 방해 요소, 좌절, 뭐 그런 인생의 숙제가 아닐까? 이 숙제들을 하나하나 해결할 때마다 성장해 가는 그런 느낌적인 느낌?
이런 사냥꾼들이 계속해서 나타날 것 같은 숙명적인 예감?"
"뭐래."

그래, 너희들도 알겠지만 주니를 말린 순 없어.
그렇지만 이번만은 주니 뜻대로 되지 않을 거야.
분명히 바다 농장이 끝이라고 했단 말이야!

"주니 네 마음은 알겠는데,
이미 바다 농장까지만 하기로…."

그래, 맞아. 이번에도 뭔가 나타났어.
뭔지 모르겠지만 뭔가 끝나도 끝난 것 같지 않게
뭔가가 또 나타났다고.

"새로운 세계가 열리고 있어.
 어떤 세계지? 궁금하다. 거니 너도 궁금하지?"
"아니, 전혀, 절대로, 난 안 궁금해!"
"궁금하면서 뭘. 흐흐흐, 뭐가 있는 게 틀림없어.
 그게 뭔지는 몰라도! 이 바다 농장보다 훨씬
 더 재미있을 거야."
"아니! 주니야, 절대로 전혀 그렇지 않아.
 바다 농장에서도 할 만큼 했어. 했다고.
 이것보다 훨씬 더 어떻게 재미있어?
 그건 절대 불가능해. 주니, 주니야."

맙소사! 바다 농장도 이제야 겨우 평화를 찾았는데,
왜 또 저 요상한 숫자들이 이끄는 곳으로 가야 하느냐고?
왜? 도대체 왜?
그 이유를 너희들은 알겠니? 나는 모르겠어.
도저히 모르겠어. 아니 전혀, 네버, 알고 싶지 않다고!

 작가의 말

오랜 기다림 끝에 드디어! 판타지 코딩 과학 동화 《팜》이 바다 농장으로 돌아왔습니다! 엄청난 속도의 유성 택시를 타고 도착한 그곳에는 바다 농장, 아니 고대 바다 도시가 있었어요. 마치 죽은 도시처럼 적막한 이곳에서도 싱싱한 바다 농장을 가꿀 수 있을까요? 은물 좀비로 되살아난 인간 화석들을 피해 사냥꾼의 정체를 밝힐 수 있을까요?

〈킹왕짱 알 부화기〉보다 수천 배 뛰어난 성능을 지닌 그린 스마트 시 농장(Sea Farm)의 〈오로(오토) 시스템〉, 어디로든 연결되는 〈울트라 짱 멋 카〉, 〈경이로운 소문과 대문〉에 이은 〈귀염뽀작 탱탱문〉, 죽은 인간 화석도 살려내는 〈줄기줄기 주사기〉, 꽂으면 길이 되는 쭉쭉빵빵 〈거대 빨대〉까지…. 없는 게 없는 바다 농장 속 주니의 발명품이 우리 아이들의 생각을 키우고 세상에 대한 호기심을 북돋아 줍니다. 어디 그것뿐일까요? 바다 농장을 가꾸고, 해커 해적왕의 도움을 받아 은물 좀비가 된 인간 화석을 되살리는 과정에서 우리 아이들은 자연스럽게 커넥티드 카, 초연결 사회, 인체 재생 기술, 스마트 팜과 같이 미래 사회를 이끌어 갈 핵심 키워드를 접하게 됩니다.

그래서 드디어 사냥꾼이 누구인지 알아냈느냐고요? 글쎄요…. 거니와 주니처럼 세상을 배우며 자라나는 어린이들에게 사냥꾼 같은 존재는 언제, 어디서든 나타날 수 있어요. 때로는 내 일을 방해하는 친구가, 나를 위협하는 어른이, 어떤 사람들의 따가운 편견과 오만이 여러분의 몸과 마음을 해치는 사냥꾼과 다를 바 없지요. 그럴 때 우리는 어떻게 해야 할까요? 맞아요! 거니와 주니처럼 당당하게 그리고 씩씩하게 이겨내야 합니다. 자! 그럼 이번에도 거니, 주니와 함께 신나는 바다 농장 속으로 떠나 볼까요?

글쓴이 **홍지연**

기다렸나요?
기다린 친구들, 소리 질러! 예~~~!

머나먼 우주에서 오느라 시간이 좀 걸렸어요. 내 탓이 아니에요(회피).
지하에서 하늘로, 우주로, 또 바다까지. 와!
이 말은 바로 주니가 벌이는 사건과 사고가 점점 늘어나고, 뒤처리하는 거니의 일복도 덩달아 늘어난다는 현실적인 이야기가 숨어 있다는 뜻이죠. 어쩌겠어요. 거니에게는 미안하지만, 주니의 무한한 호기심과 대책 없는 실행력이 기대되는 건 어쩔 수 없는걸요!

바다는 물 반, 고기 반인 줄 알았는데, 역시 《팜》의 바다는 다르다?
방방 광장, 스마트 시 팜, 인간 화석, 잠수 드론, 〈울트라 짱 멋 카〉까지! 이렇게 멋진 곳이니 지하 농장, 하늘 농장, 우주 농장 친구들을 모두 초대할 만하지 않겠어요? 그리운 친구들이 한데 모여 북적북적하니, 바다도 더 이상 고요하지 않답니다. "주니와 거니는 농장 친구들과 다 같이 모여 즐겁고 평화롭게 살았답니다."로 '해피엔딩'이면 거니에게는 참 좋았을 텐데, 우리 친구들의 기대를 저버리지 않는 호기심 대마왕 주니는 은물 좀비를 창조해 버리죠. 맙소사! 역시 위기가 없으면 《팜》이 아니지! 거니의 걱정은 늘어가지만, 코딩 개념을 장착한 쌍둥이 형제 주니와 거니에게 해결하지 못할 문제는 없다고요!

이렇게 얼렁뚱땅 지구와 우주 정복은 끝났습니다. 그런데…
뭐야, 뭐야? 또 어디로 가는 거야?
우리도 일단 따라가 보아요, 주니와 거니 옆에 있으면 재미있는 일이 넘쳐나니까!
두둥, 《팜》의 세계, 시즌 2가 시작됩니다!
나 너무 신나! 이러다 다들 코딩 천재 되는 것 아니야~~~?

그림 **지문**

글쓴이 **홍지연**

초등컴퓨팅교사협회 연구개발팀장이자 초등학교 교사로 재직 중입니다. 한국교원대학교 초등컴퓨터교육 대학원 박사 과정을 수료했으며, 교육부 및 과학기술정보통신부 SW 교육 강사이자 교육부 SW 교육 원격연수 강사, EBS 이솦 SW 교육 강사 등을 맡고 있습니다. 《한 권으로 배우는 초등 SW교육》, 《이야기와 게임으로 배우는 스크래치》, 《학교 수업이 즐거운 엔트리 코딩》, 《WHY? 코딩 워크북 시리즈》, 《언플러그드 놀이책 시리즈 1~5권》, 《소프트웨어 수업백과》, 《즐거운 메이커 놀이 활동 1-2권》, 《호시탐탐 코딩 시리즈》, 《인공지능, 언플러그드를 만나다》, 《인공지능, 스크래치를 만나다》, 《인공지능, 엔트리를 만나다》 등을 썼습니다.

그림 **지문**

대학에서 역사를 공부하며 느낀 세상의 이야기들을 그림을 통로로 전하고 있습니다. 현재 ㈜예성크리에이티브 대표이자 한국어린이그림책연구회 회원이며, 강남구립도서관에서 미래의 그림작가님들과 만나 소통하고 있습니다. 재미있게 그린 책으로 단연코 첫 손에 꼽는 코딩 과학 동화 《팜》 시리즈와 《우리 집에 전기흡혈귀가 산다》, 《흙을 망친 범인을 찾아라》, 《역사가 숨어 있는 한글가온길 한 바퀴》, 《아낌없이 주는 식물: 송이의 비밀 노트》, 《우리나라 지도책: 난 어디에 살고 있을까?》, 《임플란트 대작전》 등이 있습니다.

1~3권을 읽은 독자들의 리얼 한줄평!

상상력을 불러일으키는 이야기가 독특해요. 그림도 귀엽고 웃겨서 아이가 재미있게 보고 있어요. (은** 님)

재밌게 읽어서 시리즈 다 샀어요. (sh**** 님)

지하, 하늘에 이어 이번엔 우주 농장까지 만든 주니와 거니의 모험 이야기, 바다 농장도 기대해요! (i****ə 님)

이보다 더 유쾌하고 즐겁게 코딩을 배울 수 있는 책이 있을까요? (heə**** 님)

오랜만에 아이가 찾은 대박 책이었어요. 정말 즐겁게 여러 번 봤습니다. (ch**** 님)

아이가 금세 읽더니 두고두고 읽네요. 두께에 비해 쉽게 읽히는 책입니다. (yo**** 님)

그림도 재밌고 이야기도 정말 재미있어요. 아이가 책을 한참 보네요. (i***니 님)

추천 만큼 엄청 재밌네요. 코딩 입문서로 추천! (mix**** 님)

생활 발명에 대한 아이들의 상상력을 끌어내기에 좋아요. (nu*** 님)